Popol Vuh

Anónimo

Autor Original: Anónimo

Imprint: Independently published

Aquí comenzaremos la antigua historia llamada Quiché. Aquí escribiremos, comenzaremos el antiguo relato del principio, del origen, de todo lo que hicieron en la ciudad Quiché los hombres de las tribus Quiché. Aquí recogeremos la declaración, la manifestación, la aclaración de lo que estaba escondido, de lo que fue iluminado por los Constructores, los Formadores, los Procreadores, los Engendradores; sus nombres: Maestro Mago del Alba, Maestro Mago del Día (Gran Cerdo del Alba), Gran Tapir del Alba, Dominadores, Poderosos del Cielo, Espíritus de los Lagos, Espíritus del Mar, Los de la Verde Jadeita, Los de la Verde Copa; así decíase. Rogábase con ellos, invocábase con ellos, a los llamados Abuela, Abuelo, Antiguo Secreto, Antigua Ocultadora, Guarda Secreto, Ocultadora, Abuela que forma parte de la Pareja Mágica de Abuelos, Abuelo de la misma Pareja. Así está dicho en la historia Quiché todo lo que ellos dijeron, lo que ellos hicieron, en el alba de la vida, en el alba de la historia. Pintaremos lo que pasó antes de la Palabra de Dios, antes del Cristianismo: lo reproduciremos porque no se tiene ya más la visión del Libro del Consejo , la visión del alba de la llegada de ultramar, de nuestra vida en la sombra , la visión del alba de la vida, como se dice.

Este libro es el primer libro, pintado antaño, pero su faz está oculta hoy al que ve, al pensador. Grande era la exposición, la historia de cuando se acabaron de medir todos los ángulos del cielo, de la tierra, la cuadrangulación, su medida, la medida de las líneas, en el cielo, en la tierra, en los cuatro ángulos, de los cuatro rincones , tal como había sido dicho por los Constructores, los Formadores, las Madres, los Padres de la vida, de la existencia, los de la Respiración, los de las Palpitaciones, los que engendran, los que piensan. Luz de las tribus, Luz de los hijos, Luz de la prole , Pensadores y Sabios, acerca de todo lo que está en el cielo, en la tierra, en los lagos, en el mar. He aquí el relato de cómo todo estaba en suspenso, todo tranquilo, todo inmóvil, todo apacible, todo silencioso, todo vacío, en el cielo, en la tierra. He aquí la primera historia, la primera descripción. No había un solo hombre, un solo animal, pájaro, pez, cangrejo, madera, piedra, caverna, barranca, hierba, selva. Sólo el cielo existía. La faz de la tierra no aparecía; sólo existían la mar limitada, todo el espacio del cielo. No había nada reunido, junto. Todo era invisible, todo estaba inmóvil en el cielo. No existía nada edificado. Solamente el agua limitada, solamente la mar tranquila, sola, limitada. Nada existía. Solamente la inmovilidad, el silencio, en las tinieblas, en la noche . Sólo los Constructores, los Formadores, los Dominadores, los Poderosos del Cielo, los Procreadores, los Engendradores, estaban sobre el agua, luz esparcida. Sus símbolos estaban envueltos en las plumas, las verdes; sus nombres gráficos eran, pues, Serpientes Emplumadas. Son grandes Sabios . Así es el cielo, así son también los Espíritus del Cielo; tales son, cuéntase, los nombres de los dioses. Entonces vino la Palabra ; vino aquí de los Dominadores, de los Poderosos del Cielo, en las tinieblas, en la noche: fue dicha por los Dominadores, los Poderosos del Cielo; hablaron: entonces celebraron consejo, entonces pensaron, se comprendieron, unieron sus palabras, sus sabidurías. Entonces se mostraron, meditaron, en el momento del alba; decidieron construir al hombre, mientras celebraban consejo sobre la producción, la existencia, de los árboles, de los bejucos, la producción de la vida, de la existencia, en las tinieblas, en la noche, por los Espíritus del Cielo llamados Maestros Gigantes. Maestro Gigante Relámpago es el primero. Huella del Relámpago es el segundo. Esplendor del Relámpago es el tercero: estos tres son los Espíritus del Cielo. Entonces se reunieron con ellos los Dominadores, los Poderosos del Cielo. Entonces celebraron consejo sobre el alba de la vida, cómo se haría la germinación, cómo se haría el alba, quién sostendría, nutriría . "Que eso sea. Fecundaos. Que esta agua parta, se vacíe. Que la tierra nazca, se afirme", dijeron. "Que la germinación se haga, que el alba se haga en el cielo, en la tierra, porque no tendremos ni adoración ni manifestación por nuestros construidos, nuestros formados, hasta que nazca el hombre construido, el hombre formado": así hablaron, por lo cual nació la tierra Tal fue en verdad el nacimiento de la tierra existente. "Tierra", dijeron y en seguida nació. Solamente una niebla, solamente una nube fue el nacimiento de la materia. Entonces salieron del agua las montañas: al instante salieron las grandes montañas. Solamente por Ciencia Mágica, por el Poder Mágico, fue hecho lo que había sido decidido concerniente a los mentes, a las llanuras; en seguida nacieron simultáneamente en la superficie de la tierra los cipresales, los pinares. Y los Poderosos del Cielo se regocijaron así: "Sed los bienvenidos, oh Espíritus del Cielo, oh Maestro Gigante Relámpago, oh Huella del Relámpago, oh Esplendor del Relámpago". "Que se acabe nuestra construcción, nuestra formación", fue respondido. Primero nacieron la tierra, los montes, las llanuras; se pusieron en camino las aguas; los arroyos caminaron entre los montes; así tuvo lugar la puesta en marcha de las aguas cuando aparecieron las grandes montañas. Así fue el nacimiento de la tierra cuando nació por orden de los Espíritus del Cielo, de los Espíritus de la Tierra, pues así se llaman los que primero fecundaron, estando el cielo en suspenso, estando la tierra en suspenso en el agua; así fue fecundada cuando ellos la fecundaron: entonces su conclusión, su composición, fueron meditadas por ellos.

En seguida fecundaron a los animales de las montañas, guardianes de todas las selvas, los seres de las montañas: venados, pájaros, pumas, jaguares, serpientes, víboras, serpientes ganti, guardianes de los bejucos. Entonces los Procreadores, los Engendradores, dijeron: "¿No habrá más que silencio, inmovilidad, al pie de los árboles, de los bejucos? Bueno es, pues, que haya guardianes"; así dijeron, fecundando, hablando. Al instante nacieron los venados, los pájaros. Entonces dieron sus moradas a los venados, a los pájaros. "Tú, venado, sobre el camino de los arroyos, en las barrancas, dormirás; aquí vivirás, en las hierbas, en las malezas; en las selvas, fecundarás; sobre cuatro pies irás, vivirás". Fue hecho como fue dicho. Entonces fueron también dadas las moradas de los pajarillos, de los grandes pájaros. "Pájaros, anidaréis sobre los árboles, sobre los bejucos moraréis; engendraréis, os multiplicaréis sobre las ramas de los árboles, sobre las ramas de los bejucos". Así fue dicho a los venados, a los pájaros, para que hiciesen lo que debían hacer; todos tomaron sus dormitorios, sus moradas. Así los Procreadores, los Engendradores, dieron sus casas a los animales de la tierra. Estando pues todos terminados, venados, pájaros, les fue dicho a los venados, a los pájaros, por los Constructores, los Formadores, los Procreadores, los Engendradores: "Hablad, gritad; podéis gorjear, gritar. Que cada uno haga oír su lenguaje según su clan, según su manera". Así fue dicho a los venados, pájaros, pumas, jaguares, serpientes. "En adelante decid nuestros nombres, alabadnos, a nosotros vuestras madres, a nosotros vuestros padres. En adelante llamad a Maestro Gigante Relámpago, Huella del Relámpago, Esplendor del relámpago, Espíritus del Cielo, Espíritus de la Tierra, Constructores. Formadores, Procreadores. Engendradores. Habladnos, invocadnos, adoradnos", se les dijo. Pero no pudieron hablar como hombres: solamente cacarearon, solamente mugieron, solamente graznaron; no se manifestó ninguna forma de lenguaje, hablando cada uno diferentemente. Cuando los Constructores, los Formadores, oyeron sus palabras impotentes, se dijeron unos a otros: "No han podido decir nuestros nombres, de nosotros los Constructores, los Formadores". "No está bien", se respondieron unos a otros los Procreadores, los Engendradores, y dijeron: "He aquí que seréis cambiados porque no habéis podido hablar. Cambiaremos nuestra Palabra . Vuestro sustento, vuestra alimentación, vuestros dormitorios, vuestras moradas, los tendréis: serán las barrancas, las selvas. Nuestra adoración es imperfecta si vosotros no nos invocáis. ¿Habrá, podrá haber adoración, obediencia, en los seres que haremos? Vosotros recibiréis vuestro fardo: vuestra carne será molida entre los dientes; que así sea, que tal sea vuestro fardo". Así les fue entonces dicho, ordenado, a los animalitos, a los grandes animales de la superficie de la tierra; pero éstos quisieron probar su suerte, quisieron tentar la prueba, quisieron probar la adoración, mas no entendiendo de ningún modo el lenguaje unos de otros, no se comprendieron, no pudieron hacer nada. Tal fue, pues, el fardo de su carne; así el fardo de ser comidos, de ser matados, fue impuesto aquí sobre todos los animales de la superficie de la tierra. En seguida fueron ensayados seres construidos, seres formados , por los Constructores, los Formadores, los Procreadores, los Engendradores. "Que se pruebe todavía. Ya se acerca la germinación, el alba. Hagamos a nuestros sostenes, a nuestros nutridores. ¿Cómo ser invocados, conmemorados, en la superficie de la tierra? Ya hemos ensayado con nuestra primera construcción, nuestra formación, sin que por ella pueda hacerse nuestra adoración, nuestra manifestación. Probemos, pues, a hacer obedientes, respetuosos sostenes, nutridores", dijeron. Entonces fue la construcción, la formación. De fierra hicieron la carne. Vieron que aquello no estaba bien, sino que se caía, se amontonaba, se ablandaba, se mojaba, se cambiaba en tierra, se fundía; la cabeza no se movía; el rostro quedábase vuelto a un solo lado; la vista estaba velada; no podían mirar detrás de ellos; al principio hablaron, pero sin sensatez. En seguida, aquello se licuó, no se sostuvo en pie . Entonces los Constructores, los Formadores, dijeron otra vez: "Mientras más se trabaja, menos puede él andar y engendrar". "Que se celebre, pues, consejo sobre eso", dijeron. Al instante deshicieron, destruyeron una vez más, su construcción, su formación, y después dijeron: "¿Cómo haremos para que nos nazcan adoradores, invocadores?" Celebrando consejo de nuevo, dijeron entonces: "Digamos a Antiguo Secreto, Antigua Ocultadora, Maestro Mago del Alba, Maestro Mago del Día: «Probad de nuevo la suerte, su formación»". Así se dijeron unos a otros los Constructores, los Formadores, y hablaron a Antiguo Secreto, Antigua Ocultadora. En seguida, el discurso dicho a aquellos augures, a la Abuela del Día, a la Abuela del Alba por los Constructores, los Formadores; he aquí sus nombres: Antiguo Secreto, Antigua Ocultadora. Y los Maestros Gigantes hablaron, así como los Dominadores, los Poderosos del Cielo. Dijeron entonces a Los de la Suerte, los de su Formación, a los augures: "Es tiempo de concertarse de nuevo sobre los signos de nuestro hombre construido, de nuestro hombre formado, como nuestro sostén, nuestro nutridor, nuestro invocador, nuestro conmemorador. Comenzad, pues, las Palabras Mágicas, Abuela, Abuelo, nuestra abuela, nuestro abuelo, Antiguo Secreto, Antigua Ocultadora. Haced pues que haya germinación, que haya alba, que seamos invocados, que seamos adorados, que seamos conmemorados, por el hombre construido, el hombre formado, el hombre maniquí, el hombre moldeado. Haced que así sea. Declarad vuestros nombres: Maestro Mago del Alba, Maestro Mago del Día, Pareja Procreadora, Pareja Engendradora, Gran Cerdo del Alba, Gran Tapir del Alba. Los de las Esmeraldas. Los de las Gemas, Los del Punzón, Los de las Tablas, Los de la Verde Jadeita, Los de la Verde Copa, Los de la Resina, Los de los Trabajos Artísticos, Abuela del Día, Abuela del Alba. Sed llamados así por nuestros construidos, nuestros formados. Haced vuestros encantamientos por vuestro maíz, por vuestro tzité . ¿Se hará, acontecerá, que esculpamos en madera su boca, su rostro?" Así fue dicho a los de la Suerte. Entonces se efectuó el lanzamiento de los granos, la predicción del encantamiento por el maíz, el tzité. "Suerte, fórmate", dijeron entonces una abuela, un abuelo. Ahora bien, este abuelo era El del Tzité, llamado Antiguo Secreto; esta abuela era La de la Suerte, la de su formación, llamada Antigua Ocultadora con Gigante Abertura. Cuando se decidió la suerte, se habló así: "Tiempo es de concertarse. Hablad; que oigamos y que hablemos, digamos, si es preciso que la madera sea labrada, sea esculpida por Los de la Construcción, Los de la Formación, si ella será el sostén, el nutridor, cuando se haga la germinación, el alba". "Oh maíz, oh tzité, oh suerte, oh su formación, asios, ajustaos" , fue dicho al maíz, al tzité, a la suerte, a su formación. "Venid a picar ahí, oh Espíritus del Cielo . No hagáis bajar la boca, la faz de los Dominadores, de los Poderosos del Cielo", dijeron. Entonces dijeron la cosa recta: "Que así sean, así, vuestros maniquíes, los muñecos construidos de madera, hablando, charlando en la superficie de la tierra". —"Que así sea", se respondió a sus palabras. Al instante fueron hechos los maniquíes, los muñecos construidos de madera; los hombres se produjeron, los hombres hablaron; existió la humanidad en la superficie de la tierra. Vivieron, engendraron, hicieron hijas, hicieron hijos, aquellos maniquíes, aquellos muñecos construidos de madera. No tenían ni ingenio ni sabiduría, ningún recuerdo de sus Constructores, de sus Formadores; andaban, caminaban sin objeto. No se acordaban de los Espíritus del Cielo; por eso decayeron. Solamente un ensayo, solamente una tentativa de humanidad. Al principio hablaron, pero sus rostros se desecaron; sus pies, sus manos, eran sin consistencia; ni sangre, ni humores, ni humedad, ni grasa; mejillas desecadas eran sus rostros; secos sus pies, sus manos; comprimida su carne. Por tanto no había ninguna sabiduría en sus cabezas, ante sus Constructores, sus Formadores, sus Procreadores, sus Animadores. Éstos fueron los primeros hombres que existieron en la superficie de la tierra.

En seguida llegó el fin, la pérdida, la destrucción, la muerte de aquellos maniquíes, muñecos construidos de madera. Entonces fue hinchada la inundación por los Espíritus del Cielo, una «gran inundación fue hecha: llegó por encima de las cabezas de aquellos maniquíes, muñecos construidos de madera. El tzité fue la carne del hombre: pero cuando por los Constructores, los Formadores?, fue labrada la mujer, el sasafrás fue la carne de la mujer. Esto entró en ellos por la voluntad de los Constructores de los Formadores. Pero no pensaban, no hablaban ante los de la Construcción. Los de la Formación, sus Hacedores, sus Vivificadores. Y su muerte fue esto: fueron sumergidos; vino la inundación, vino del cielo una abundante resina. El llamado Cavador de Rostros vino a arrancarles los ojos: Murciélago de la Muerte, vino a cortarles la cabeza: Brujo-Pavo vino a comer su carne: Brujo-Búho vino a triturar, a romper sus huesos, sus nervios: fueron triturados, fueron pulverizados, en castigo de sus rostros, porque no habían pensado ante sus Madres, ante sus Padres, los Espíritus del Cielo llamados Maestros Gigantes. A causa de esto se oscureció la faz de la tierra, comenzó la lluvia tenebrosa, lluvia de día, lluvia de noche. Los animales pequeños, los animales grandes, llegaron: la madera, la piedra, manifestaron sus rostros . Sus piedras de moler metales, sus vajillas de barro, sus escudillas, sus ollas, sus perros, sus pavos, todos hablaron; todos, tantos cuantos había, manifestaron sus rostros. "Nos hicisteis daño, nos comisteis; os toca el turno; seréis sacrificados", les dijeron sus perros, sus pavos. Y he aquí lo que les dijeron sus piedras de moler: "Teníamos cotidianamente queja de vosotros; cotidianamente, por la noche, al alba, siempre: «Descorteza, descorteza, rasga, rasga» sobre nuestras faces, por vosotros. He aquí, para comenzar, nuestro cargo a vuestra faz. Ahora que habéis cesado de ser hombres, probaréis nuestras fuerzas: amasaremos, morderemos, vuestra carne", les dijeron sus piedras de moler, Y he aquí que hablando a su vez, sus perros les dijeron: "¿Por qué no nos dabais nuestro alimento? Desde que éramos visto?, nos perseguíais, nos echabais fuera: vuestro instrumento para golpearnos estaba listo mientras comíais. Entonces vosotros hablabais bien, nosotros no hablábamos. Sin ello no os mataríamos ahora. ¿Cómo no razonabais? ¿Cómo no pensabais en vosotros mismos? Somos nosotros quienes os borraremos de la haz de la tierra ; ahora sufriréis los huesos de nuestras bocas , os comeremos": así les dijeron sus perros, mostrando "sus rostros. Y he aquí que a su vez sus ollas, sus vajillas de barro, les hablaron: "Daño, dolor, nos hicisteis, carbonizando nuestras bocas, carbonizando nuestras faces, poniéndonos siempre ante el fuego. Nos quemabais sin que nosotros pensáramos mal; vosotros lo sufriréis a vuestro turno, os quemaremos", dijeron todas las ollas, manifestando sus faces. De igual manera las piedras del hogar encendieron fuertemente el fuego puesto cerca de sus cabezas, les hicieron daño. Empujándose los hombres corrieron, llenos de desesperación. Quisieron subir a sus mansiones, pero cayéndose, sus mansiones les hicieron caer. Quisieron subir a los árboles; los árboles los sacudieron a lo lejos. Quisieron entrar en los agujeros, pero los agujeros despreciaron a sus rostros. Tal fue la ruina de aquellos hombres construidos, de aquellos hombres formados, hombres para ser destruidos, hombres para ser aniquilados; sus bocas, sus rostros, fueron todos destruidos, aniquilados. Se dice que su posteridad son esos monos que viven actualmente en las selvas ; éstos fueron su posteridad porque sólo madera había sido puesta en su carne por los Constructores, los Formadores. Por eso se parece al hombre ese mono, posteridad de una generación de hombres construidos, de hombres formados, pero que sólo eran maniquíes, muñecos construidos de madera.

No había, pues, más que una luz confusa en la superficie de la tierra, no había sol. Un personaje llamado Principal Guacamayo se enorgullecía. Al principio existieron el cielo, la tierra, pero ocultas estaban las faces del sol, de la luna. Él, pues, decía: "En verdad, la posteridad de esos hombres ahogados es extraordinaria; su vida es como una vida de Sabios . Yo soy, pues, grande por encima del hombre construido, del hombre formado. Yo el sol, yo la luz, yo la luna. Que así sea. Grande es mi luz. Por mí andan, caminan los hombres. Mis ojos, en metales preciosos, resplandecen de gemas, de verdes esmeraldas. Mis dientes brillan en su esmalte como la faz del cielo. Mi nariz resplandece a lo lejos como la luna. De preciosos metales está hecho mi sitial con respaldo. La faz de la tierra se ilumina cuando yo avanzo ante mi sitial con respaldo. Así pues, yo soy el sol, yo soy la luna , para la luz de la prole, la luz de los hijos. Así es, porque a lo lejos penetra mi esplendor". Así decía Principal Guacamayo, mas en verdad Principal Guacamayo no era el sol , sino que se enorgullecía de sus jadeitas, de sus metales preciosos: pero en realidad su esplendor desaparecía allí adonde él se sentaba , su esplendor no penetraba en todo el cielo. No se veían aún, pues, las faces del sol, de la luna, de las estrellas, aún no había claridad . Así, pues, Principal Guacamayo se alababa como sol, como luna; la luz del sol, de la luna, todavía no se había mostrado, manifestado; pero él quería sobreponerse en grandeza. Entonces fue cuando ocurrió la inundación a causa de los maniquíes, muñecos construidos de madera. Contaremos también cómo murió, fue vencido. Principal Guacamayo y después, en qué tiempo fue hecho el hombre por Los de la Construcción, Los de la Formación.

He aquí el origen de la derrota de Principal Guacamayo por dos engendrados, el primero llamado Maestro Mago, el segundo llamado Brujito; los dos eran dioses . A causa del mal que veían en el que se enorgullecía y que él quería hacer a la faz de los Espíritus del Cielo, aquellos engendrados dijeron: "No está bien que pase eso; ese hombre no debe vivir aquí, en la superficie de la Tierra. Trataremos, pues, de tirar con cerbatana contra su comida; tiraremos con cerbatana contra ella, introduciremos en ella una enfermedad que pondrá fin a sus riquezas, a sus jadeitas, a sus metales preciosos, a sus esmeraldas, a sus pedrerías, de las cuales se glorifica como lo harán todos los hombres. Los metales preciosos, no son un motivo de gloria. Que así se haga, pues". Así dijeron los dos engendrados, cada uno con su cerbatana sobre el hombro. Pero Principal Guacamayo tenía dos hijos: Sabio Pez-Tierra era el primer hijo. Gigante de la Tierra, el segundo hijo. La que se Torna Invisible, era el nombre de su madre, esposa de Principal Guacamayo. A este Sabio Pez-Tierra servíanle de juguetes las grandes montañas Chicak, Hunahpu, Pecul, Yaxcanul,

Macamob, Huliznab , se cuenta, nombres de las montañas que existieron cuando el alba; nacieron en una noche por la acción de Sabio Pez-Tierra. De igual modo por Gigante de la Tierra eran removidas las montañas; por él eran agitadas las montañas pequeñas, las montañas grandes. Los hijos de Principal Guacamayo hacían también de ello una causa de Orgullo: "¡Vosotros! heme aquí, yo el sol", decía Principal Guacamayo. "Yo hice la Tierra", decía Sabio Pez-Tierra. "Yo sacudo al cielo, trastorno a toda la tierra", decía Gigante de la Tierra. Así, después de su padre, los hijos de Principal Guacamayo se atribuían la grandeza. He aquí, pues, el mal que vieron los engendrados. Nuestras primeras madres, nuestros primeros padres no habían sido hechos todavía. Así fue decidida la muerte de los tres, su pérdida, por los engendrados.

He aquí ahora los disparos de cerbatana contra Principal Guacamayo por los dos engendrados; contaremos ahora la derrota de aquellos que se enorgullecían. Este mismo Principal Guacamayo tenía un gran árbol, el Byrsonia ; era el alimento de Principal Guacamayo; cada día iba al Byrsonia, subía al árbol; veía algunas vainas comidas por Maestro Mago. Brujito. Por su parte, espiando a Principal Guacamayo al pie del árbol, los dos engendrados venían a esconderse en el follaje del árbol cuando Principal Guacamayo venía a comer las frutas de el Byrsonia. Después fue tiroteado con cerbatanas por Supremo Maestro Mago, quien le plantó la bala de la cerbatana en la mandíbula; gritó a voz en cuello al caer del árbol al suelo. Supremo Maestro Mago se apresuró, corrió aprisa para apoderarse de él; pero entonces el brazo de Supremo Maestro Mago fue asido violentamente por Principal Guacamayo, quien al instante lo sacudió, lo arrancó bruscamente del omoplato. Entonces Supremo Maestro Mago dejó ir a Principal Guacamayo. Así es, así como hicieron, sin haber sido vencidos los primeros por Principal Guacamayo. Llevando así el brazo de Supremo Maestro Mago, Principal Guacamayo caminó hacia su casa, adonde llegó sosteniéndose la mandíbula. "¿Qué te ha sucedido, pues?", dijo entonces La que se Torna Invisible, esposa de Principal Guacamayo. "¿Qué? Dos engañadores me han tiroteado con su cerbatana, me han dislocado la mandíbula. A causa de eso, se han aflojado mi mandíbula, mis dientes, que me hacen sufrir mucho. Por de pronto traigo esto sobre el fuego para que permanezca sobre el fuego hasta que, en verdad, vengan a recogerlo, a tomarlo, esos engañadores", respondió Principal Guacamayo, suspendiendo el brazo de Supremo Maestro Mago. Habiendo celebrado consejo, Supremo Maestro Mago, Brujito, hablaron con un abuelo, y verdaderamente blanca era la cabellera de este abuelo, y con una abuela, y verdaderamente era una abuela encorvada, quebrantada por la vejez . Gran Cerdo del Alba, nombre del Abuelo; Gran Tapir del Alba, nombre de la abuela. Los engendrados dijeron, pues, a la abuela, al abuelo: "Acompañadnos para ir a coger nuestro brazo en casa de Principal Guacamayo, pero nosotros iremos detrás de vosotros. «Son nuestros nietos a quienes acompañamos; su madre, su padre, han muerto ; por tanto, nos siguen por todas partes adonde nos conviene permitírselo, pues sacar los animales de las mandíbulas es nuestro oficio», diréis vosotros. Así Principal Guacamayo nos mirará como a niños, y estaremos allí para daros consejos", dijeron los dos engendrados. "Muy bien", fue respondido. En seguida se encaminaron hacia la punta en donde Principal Guacamayo estaba sentado en su sitial con respaldo. La abuela, el abuelo, pasaron entonces, con dos engendrados jugando detrás. Cuando pasaron al pie de la casa del jefe, Principal Guacamayo gritaba a voz en cuello a causa de sus dientes. Cuando Principal Guacamayo vio al abuelo, a la abuela y a los que les acompañaban, "¿De dónde venís, abuelos nuestros?", dijo al instante el jefe. "Buscamos con qué sostenernos, oh Tú, Jefe", respondieron ellos. "¿Cuál es vuestro alimento? ¿Son vuestros hijos, esos que os acompañan?" "No, oh Tú, jefe. Éstos son nuestros nietos, pero ¿comprendes? tenemos piedad de sus rostros, les damos y partimos la mitad de nuestro alimento", respondieron la abuela, el abuelo. El jefe, pues, estaba extenuado por el sufrimiento de sus dientes, y con esfuerzo era como hablaba. "Yo os suplico, tened piedad de mi rostro . ¿Qué hacéis? ¿Qué curáis?", dijo el jefe. "Solamente sacamos de los dientes los animales, curamos solamente los ojos, componemos solamente los huesos, Tú, Jefe", respondieron. "Muy bien. Curadme en seguida, os suplico, mis ." dientes, que verdaderamente me hacen sufrir. Cada día no tengo reposo, no tengo sueño, a causa de ellos y de mis ojos. Dos engañadores me han disparado con cerbatana, para comenzar. A causa de esto no como ya. Tened, pues, piedad de mi rostro, pues todo se mueve, mi mandíbula, mis dientes". "Muy bien, Tú, Jefe. Un animal te hace sufrir. No hay más que cambiar, que sacar los dientes, Tú". "¿Será bueno quitarme mis dientes? Por ellos soy jefe; mi ornamento: mis dientes y mis ojos". "Pondremos al instante otros en cambio; huesos puros y netos entrarán". Ahora, pues, esos huesos puros y netos no eran más que maíz blanco. "Muy bien. Retiradlos pues y venid en mi ayuda", respondió él. Entonces se arrancaron los dientes de Principal Guacamayo; no se le puso en cambio más que maíz blanco; al instante ese maíz brilló mucho en su boca. Al instante descendió su faz ; no pareció ya jefe. Se acabó de quitarle sus dientes en pedrería que, brillantes, ornaban su boca. Mientras que se cuidaban los ojos de Principal Guacamayo se desollaron sus ojos, se acabó de quitarle sus metales preciosos. Pero él no podía ya sentirlo; todavía veía cuando lo que le enorgullecía hubo acabado de serle quitado por Maestro Mago. Brujito. Así murió Principal Guacamayo cuando Maestro Mago vino a recuperar su brazo. La que se Torna Invisible, esposa de Principal Guacamayo, murió también. Tal fue el fin de las riquezas de Principal Guacamayo. Fue el médico quien tomó las esmeraldas, las pedrerías, de las cuales, aquí en la tierra, se gloriaba. La abuela Sabia, el abuelo Sabio, hicieron esto. El brazo fue pegado; pegado estuvo bien. Ellos no quisieron obrar así más que para matar a Principal Guacamayo; consideraban como malo que se enorgulleciese. En seguida los dos engendrados caminaron, habiendo ejecutado la Palabra de los Espíritus del Cielo.

He aquí en seguida la Gesta de Sabio Pez-Tierra, primer hijo de Principal Guacamayo. "Yo hacedor de montañas", decía Sabio Pez-Tierra. He aquí que Sabio Pez-Tierra se bañaba al borde del agua cuando acertaron a pasar cuatrocientos jóvenes, arrastrando un árbol para pilar de su casa; cuatrocientos jóvenes iban caminando, después de haber cortado un gran árbol para viga maestra de su casa. Entonces Sabio Pez-Tierra caminó adonde estaban los cuatrocientos jóvenes. —"Jóvenes, ¿qué hacéis?". —"Solamente, un árbol que no podemos levantar para llevarlo sobre nuestros hombros". —"Yo lo llevaré al hombro. ¿Adonde llevarlo? ¿Cuál trabajo hay en vuestro espíritu?" "Solamente la viga maestra de nuestra casa". —"Perfectamente", dijo él, y después tiró del árbol, lo cargó sobre sus hombros y lo llevó a la entrada de la casa de los cuatrocientos jóvenes. "¡Y bien! Estáte pues con nosotros, oh joven. ¿Tienes madre, padre?" "No tengo", dijo él. "¡Y bien! Nosotros te emplearemos otra vez mañana para señalarte uno de nuestros árboles para pilar de nuestra casa". "Bien", dijo él. En seguida los cuatrocientos jóvenes celebraron consejo. "He ahí a ese joven. ¿Cómo haremos para matarlo, pues no está bien que haga eso, que él solo levante ese árbol? Cavaremos un gran hoyo, y después lo incitaremos a descender en el hoyo. «Vete a agrandarlo. Toma y trae tierra del hoyo», le diremos, y, cuando haya descendido y esté inclinado en el hoyo, lanzaremos un gran árbol en él; entonces morirá en el hoyo". Así hablaron los cuatrocientos jóvenes. Entonces cavaron un gran hoyo que descendía profundamente, y después llamaron a Sabio Pez-Tierra. "Nosotros te estimamos. Ve pues, y cava aún la tierra, en el sitio de donde nosotros no pasamos", le dijeron. "Muy bien", respondió él, y después descendió al hoyo. Llamándole mientras que él cavaba la tierra: "¿Ya has descendido muy hondo?", le dijeron. "Sí", respondió, comenzando a cavar el hoyo, pero cavaba un hoyo de salvamento. Él sabía que querían matarlo; mientras que cavaba el hoyo, cavaba al lado un segundo hoyo para salvarse. "¿Está ya muy hondo?", le fue dicho desde arriba por los cuatrocientos jóvenes. "Todavía estoy ocupado en mi excavación, pero os llamaré desde abajo cuando haya acabado de cavar", les respondió desde el fondo del hoyo Sabio Pez-Tierra. Mas no cavaba el fondo del hoyo destinado para su tumba; no cavaba sino el hoyo para salvarse. En seguida Sabio Pez-Tierra llamó, no gritando sin embargo sino cuando estuvo en el hoyo de salvamento. "Venid a buscar, a llevar la tierra del hoyo que he cavado. Por él he descendido verdaderamente lejos. ¿No oís mi llamada? Pero he aquí vuestra llamada que repercute como uno, dos ecos; oigo donde estáis vosotros", decía Sabio Pez-Tierra en el hoyo en donde se ocultaba; y llamaba desde el fondo de aquel hoyo. Y he aquí que con fuerza fue traído el gran árbol por los jóvenes; en seguida lanzaron vivamente el árbol en el agujero. "Que ninguno hable. Esperemos solamente a que grite a voz en cuello, a que muera", se dijeron unos a otros, mas se hablaban en secreto, mas se cubrían la boca, mirándose mutuamente, mientras lanzaban prontamente el árbol. Ahora, pues, he aquí que Sabio Pez-Tierra habló, gritó a voz en cuello, pero no llamó sino una sola vez mientras que el árbol caía. "¡Oh, cómo hemos llevado a buen fin lo que le hemos hecho! ¡Muerto está! Si por desgracia hubiera continuado el trabajo del cual se había encargado, desgraciados de nosotros. Se habría introducido como el primero entre nosotros los cuatrocientos jóvenes", dijeron, alegrándose aún. "Es preciso hacer durante tres días nuestra bebida fermentada, pasar tres días más en beber por la fundación de nuestra casa, nosotros los cuatrocientos jóvenes", dijeron. "Mañana veremos, pasado mañana también, si no vienen de la tierra las hormigas a llevarse, cuando hieda, la inmundicia. En seguida nuestro corazón estará en reposo, mientras bebemos nuestra bebida fermentada", dijeron. Ahora, pues, allá en el hoyo. Sabio Pez-Tierra oía lo que decían los jóvenes. Después, al segundo día, llegaron de repente las hormigas, yendo y viniendo en muchedumbre para reunirse debajo del árbol. De todas partes trajeron cabellos, trajeron uñas de Sabio Pez-Tierra; viendo esto los jóvenes. "¡Acabado está, ese engañador! ¡Ved! Las hormigas se reúnen, llegan en multitud, traen de todas partes sus cabellos, sus uñas. He aquí lo que hemos hecho", se dijeron unos a otros. Pero Sabio Pez-Tierra estaba bien vivo: había cortado los cabellos de su cabeza, se había recortado las uñas con los dientes, para darlos a las hormigas. Así los cuatrocientos jóvenes lo creyeron muerto; después, al tercer día, comenzaron su bebida fermentada; entonces se embriagaron todos los jóvenes. Estando todos ebrios, los cuatrocientos jóvenes no tenían ya Sabiduría; entonces su casa fue derribada sobre sus cabezas por Sabio Pez-Tierra, y acabaron por ser todos destruidos. Ni uno ni dos de aquellos cuatrocientos jóvenes se salvaron; fueron matados por Sabio Pez-Tierra, hijo de Principal Guacamayo. Así murieron los cuatrocientos jóvenes. Se dice también que entraron en la constelación llamada a causa de ellos el Montón , pero esto no es quizás más que una fábula. Aquí contaremos también la derrota de Sabio Pez-Tierra por los dos engendrados Maestro Mago, Brujito.

He aquí la derrota, la muerte de Sabio Pez-Tierra cuando fue vencido por los engendrados Maestro Mago. Brujito. He aquí lo que hirió el corazón de aquellos engendrados: los cuatrocientos jóvenes matados por Sabio Pez-Tierra. Solamente de pescados, solamente de cangrejos, se sostenía él, se nutría, al borde del agua; ése era su alimento cotidiano. De día erraba, buscando su subsistencia; de noche, transportaba las montañas. En seguida un gran cangrejo fue imitado por Maestro Mago, Brujito. Le pusieron una faz en madera de Ek ; pues la madera de Ek se encuentra por doquiera en las selvas; hicieron con ella las grandes patas del cangrejo; después, de Pahac las patas pequeñas. Pusiéronle un carapacho de piedra que acabó la faz posterior del congrejo. En seguida, pusieron a esta "tortuga" en el fondo de una gruta al pie de una gran montaña; Meaván , nombre de la montaña de la derrota. Después, los engendrados fueron al encuentro de Sabio Pez-Tierra, al borde del agua. "¿Adonde vas, oh hijo?", dijeron a Sabio Pez-Tierra. "No voy a ninguna parte, sino que busco mi subsistencia", respondió Sabio Pez-Tierra. "¿Cuál es tu alimento?". "Solamente pescados, solamente cangrejos; no he podido cogerlos aquí. Hace dos días que no he comido y ya no puedo más de hambre", dijo Sabio Pez-Tierra a Maestro Mago, Brujito. "Allá abajo, en el fondo de la barranca, hay un cangrejo, un cangrejo verdaderamente grande; seria un glorioso bocado para tu subsistencia. Pero nos mordió cuando quisimos cogerlo, y nos asustamos; por nada iríamos a cogerlo", dijeron Maestro Mago, Brujito. "Tened piedad de mi faz. Venid a mostrármelo, oh engendrados", dijo Sabio Pez-Tierra. "De ningún modo, no queremos; solamente tú ve allá; no es posible perderse; ve solamente al borde del agua y llegarás al pie de una gran montaña donde resuena en el fondo de la barranca; vete, llega", respondieron Maestro Mago, Brujito. "¡Ah, tened piedad de mi faz! Oh engendrados, ¿en dónde encontrarlo? Venid a mostrármelo. Hay muchos pájaros cantores a los que podréis disparar con cerbatana; yo sé dónde están", dijo Sabio Pez-Tierra. Su humildad complació a los engendrados. "¿Sabrás cogerlo si volvemos allá abajo por tu causa? Cierto, no probamos ya más; nos mordió cuando entramos agachados; nos asustamos cuando entramos encorvados, pero por poco lo alcanzábamos. Es bueno, pues, que entres allí encorvado", le dijeron. "Muy bien", respondió Sabio Pez-Tierra. Entonces caminó en su compañía. Después, fue llegó al fondo de la barranca. Inclinado de los dos lados, el cangrejo enderezaba hacia adelante su dorso. En el fondo de la barranca estaba la añagaza de ellos. "¡Perfectamente! Quisiera ya ponerla en mi boca", dijo alegrándose Sabio Pez-Tierra, porque en verdad se moría de hambre. Así, pues, quiso intentar, quiso encorvarse, quiso entrar. El cangrejo fue hacia lo alto. Entonces él se retiró. "¿No lo has alcanzado"?, dijeron los dos engendrados. "No está ahí, sino que subió: pero al principio por poco lo cogía. Quizás fuera bueno que yo entrase", respondió él. Después, encorvándose, entró; acabó de entrar; no mostró afuera más que las puntas de los pies. La gran montaña acabó de minarse, se aplastó, descendió sobre su corazón. Él ya no se revolvió más: Sabio Pez-Tierra fue piedra. Tal fue la derrota de Sabio Pez-Tierra por los engendrados Maestro Mago, Brujito. "Hacedor de Montañas", dice el relato de antaño. Primer hijo de Principal Guacamayo. Al pie de la montaña llamada Meaván fue vencido. No es sino por Magia como fue vencido el segundo de los que se enorgullecían. Vamos a contar la historia de otro.

E l tercero de los que se enorgullecían, segundo hijo de Principal Guacamayo, llamado Gigante de la Tierra, decía: "Yo destruyo las montañas". Y Maestro Mago, Brujito, vencieron también a Gigante de la Tierra. Maestro Gigante Relámpago, Huella del Relámpago, Esplendor del Relámpago, dijeron, hablando a Maestro Mago, Brujito: "Que también sea vencido el segundo hijo de Principal Guacamayo. Tal es nuestra Palabra, porque no está bien lo que él hace sobre la tierra: exaltar su gloria, su grandeza, en potencia. Que ya no sea más así". "Atraedlo dulcemente hacia el Oriente" , dijeron "también los Maestros Gigantes a los dos engendrados. "Muy bien, jefes", respondieron éstos. "No está bien lo que vemos. ¿No sois vosotros la Existencia, la Fundación, los Espíritus del Cielo?", dijeron los engendrados, recibiendo la Palabra de los Maestros Gigantes. Y en aquel momento Gigante de la Tierra destruía las montañas. Por poco que con el pie golpease la tierra, en seguida a causa de esto se desgarraban las montañas grandes, las montañas pequeñas . Entonces fue encontrado por los engendrados. "Joven, ¿adonde vas?", dijéronle a Gigante de la Tierra. "No voy a ninguna parte, solamente derribo las montañas, yo soy su destructor, mientras haya días, mientras haya albas ", dijo él, respondió él entonces. Después, a su vez, Gigante de la Tierra les dijo a Maestro Mago, Brujito: "¿Por qué venís vosotros? Yo no conozco vuestros rostros. ¿Cuál es vuestro nombre?"; así dijo Gigante de la Tierra. "No tenemos nombre. Solamente cazamos con cerbatana, solamente cazamos con liga, en las montañas. Nosotros somos solamente unos pobres; nada es de nosotros, oh joven. Solamente recorremos las pequeñas montañas, las grandes montañas, oh joven. He aquí que hemos visto una gran montaña, pero en donde está se ven precipicios; se eleva a gran altura: es tan alta que sobrepasa a todas las montañas. No hemos podido coger, pues, en ella uno, dos pájaros, oh joven. ¿Pero derribas verdaderamente todas las montañas, oh joven?", dijeron Maestro Mago, Brujito a Gigante de la Tierra. "¿Visteis verdaderamente la montaña que decís? ¿En dónde está? Yo la veré, la derribaré. ¿En dónde la visteis?" "Está allá abajo, al Este", respondieron Maestro Mago, Brujito. "Bien. Elegid nuestro camino ", dijo él a los engendrados. "No, no. Te pondremos entre los dos en medio, y uno estará a tu izquierda, uno a tu derecha, a causa de nuestras cerbatanas; si hay pájaros nosotros les dispararemos con las cerbatanas", respondieron. Alegremente probaron a disparar con sus cerbatanas. He aquí que disparando con las cerbatanas no había bala en sus cerbatanas; solamente soplaban disparando con las cerbatanas contra los pájaros ; Gigante de la Tierra estaba maravillado. Entonces los engendrados frotaron fuego , asaron sus pájaros ante el fuego. Untaron con creta alrededor un pájaro, le pusieron tierra blanca . "He aquí lo que le daremos para excitar su gula por el husmo que en él encontrará. Nuestro pájaro le derrocará. De igual modo que de tierra está envuelto todo alrededor por nosotros este pájaro, a tierra le echaremos, en tierra le inhumaremos. Demasiada Ciencia en un construido, un formado, cuando comienza la germinación, cuando comienza el alba", dijeron los engendrados. "Cierto, a causa del deseo de todos los corazones de comer, de triturar, el corazón de Gigante de la Tierra deseará lo mismo", dijeron entre sí Maestro Mago, Brujito. Durante este tiempo asaban al pájaro, el cual cocía y amarilleaba asándose; el jugo del pájaro goteaba, fluía por todas partes, tenía un husmo muy suave. He aquí que Gigante de la Tierra deseó comer de él y que se le hizo agua la boca, que bostezó, que la saliva, la baba, corrió a causa del sabroso pájaro. Entonces preguntó: "¿Qué es este alimento? Siento un husmo verdaderamente exquisito. Dadme pues un poco"; así dijo. Se le dio entonces el pájaro a Gigante de la Tierra, para vencerlo. Después de que hubo acabado de comerse aquel pájaro, caminaron de nuevo dirigiéndose hacia el Oriente, en donde estaba la gran montaña. He aquí que va Gigante de la Tierra se desvanecía de los pies, de las manos, estaba sin fuerzas, a causa de la tierra con la cual se había untado todo alrededor el pájaro del que había comido. No podía ya hacerles nada a las montañas ni acabar de derribarlas. Y entonces, ligado por los engendrados, estando sus manos atadas atrás, sus manos guardadas por los extranjeros, el cuello y las piernas ligados juntamente, fue en seguida tendido en tierra, fue inhumado. Tal fue la derrota de Gigante de la Tierra, solamente por Maestro Mago, Brujito. Innumerables fueron sus acciones sobre la tierra. He aquí que contaremos el nacimiento de Maestro Mago, Brujito, pues hemos contado primeramente la derrota de Principal Guacamayo y la de Sabio Pez-Tierra y la de Gigante de la Tierra, sobre la tierra.

He aquí que diremos el nombre del padre de Maestro Mago, Brujito. Musitaremos el origen, musitaremos solamente la historia, el relato, del engendramiento de Maestro Mago, Brujito; no diremos de esto sino la mitad y solamente una parte de la historia de su padre. He aquí, pues, la historia de éste. Su nombre es Supremo Maestro Mago, como se dice. Sus padres son Antiguo Secreto, Antigua Ocultadora. Por ellos, en la noche, fueron engendrados Supremo Maestro Mago, Principal Maestro Mago, por Antiguo Secreto. Antigua Ocultadora. Ahora pues, Supremo Maestro Mago engendró dos hijos: Maestro Mono es el nombre del primer hijo, Maestro Simio es el nombre del segundo hijo. Y el nombre de su madre, es éste: Paridora de Monos; tal es el nombre de la esposa de Supremo Maestro Mago. Principal Maestro Mago, sin esposa, célibe. Pero estos dos hijos eran muy grandes Sabios; grande su Ciencia; augures aquí en la tierra; buenos su existencia, su nacimiento. Se mostró toda la Ciencia ante Maestro Mono. Maestro Simio, hijos de Supremo Maestro Mago. Maestro Mono. Maestro Simio, llegaron a ser músicos, cantantes, tiradores de cerbatana, pintores, escultores, joyeros, orfebres. Ahora bien, Supremo Maestro Mago, Principal Maestro Mago, no hacían cotidianamente más que jugar al blanco, que jugar a la pelota . Cada dos días encontrábanse cuatro, reuníanse en el juego de pelota. Para verlos venía el Gavilán, mensajero de Maestro Gigante Relámpago, Huella del Relámpago, Esplendor del Relámpago. Ahora bien, este Gavilán, de no lejos de aquí en la tierra, de no lejos de Xibalbá llegaba seguidamente al cielo, junto a los Maestros Gigantes. Mientras ellos permanecían aquí en la tierra, la madre de Maestro Mono, Maestro Simio, murió. He aquí que, caminando hacia Xibalbá jugaron a la pelota, lo que oyeron Supremo Muerto. Principal Muerto, jefes de Xibalbá. "¿Qué hacen sobre la tierra? ¿Quién la hace temblar? ¿Quién hace tal batahola? Que se envíe a buscarlos, a traerlos aquí; que vengan a jugar a la pelota a fin de que los venzamos. Verdaderamente, no somos obedecidos por ellos: no hay obediencia, no hay respeto para nuestro ser. No hacen mas que batallar sobre nuestras cabezas", dijo todo Xibalbá. Entonces todos celebraron consejo. Estos llamados Supremo Muerto, Principal Muerto, los Grandes Decidores de Palabra . He aquí a todos los jefes, a quienes éstos daban sus cargos de poder; cada uno jefe por orden de Supremo Muerto. Principal Muerto. He aquí, pues, los nombres de los jefes: Extiende Tullidos. Reúne Sangre: su cargo: los hombres que tienen flujos de sangre. He aquí también a los jefes Hacedor de Abscesos. Hacedor de Ictericia; su poder: dar a los hombres tumores, darles abscesos en las piernas y amarillearles el rostro, lo que se llama ictericia, y éste era el poder de Hacedor de Abscesos, Hacedor de Ictericia. He aquí además a los jefes Varilla de Huesos, Varilla de Cráneos, los de la varilla de Xibalbá; solamente de huesos eran sus varillas; su mayordomía: osificar a los hombres a fin de que, no siendo más que huesos y cráneos al morir, no haya que recoger más que sus esqueletos; tal era la función de los llamados Varilla de Huesos, Varilla de Cráneos. He aquí también a los jefes llamados Hacedor de Traición, Hacedor de Infortunio; he aquí sus cargos: chocar al hombre contra la traición; sea detrás de su morada, sea delante de su morada; que tuvo la mala suerte de caer, boca arriba, sobre el suelo: se moría; tal era el poder de Hacedor de traición, Hacedor de Infortunio. He aquí también a los jefes llamados Gavilán de sangre, Opresión; he aquí su poder: el hombre moría en camino de lo que se llama muerte súbita, viniéndole la sangre a la boca; entonces él moría, vomitando la sangre; a cada uno correspondía el cargo de romper la garganta, el corazón del hombre, para que muriese en camino, haciéndole llegar de repente la sangre a la garganta mientras marchaba; tal era el poder de Gavilán de Sangre, Opresión. He aquí que se reunieron en consejo para combatir, atormentar, a Supremo Maestro Mago, Principal Maestro Mago. Xibalbá quería burlarse de Supremo Maestro Mago, Principal Maestro Mago, de sus escudos de cuero, de sus anillos, de sus guantes, de sus coronas y de los cascos con que se engalanaban Supremo Maestro Mago, Principal Maestro Mago. He aquí, pues, que contaremos su viaje a Xibalbá, dejando permanecer aparte a Maestro Mono, Maestro Simio, hijos de Supremo Maestro Mago y cuya madre estaba ya muerta. En seguida, contaremos la derrota de Maestro Mono, Maestro Simio, por Maestro Mago, Brujito.

En seguida partieron los mensajeros de Supremo Muerto, Principal Muerto. "En camino, oh Consejeros de los Varones. Id a llamar a Supremo Maestro Mago, Principal Maestro Mago. Decidles: «Venid con nosotros —Que vengan, dicen los jefes. —Que vengan aquí a pelotear con nosotros: que nos revivifiquemos nuestros rostros con ellos; en verdad, admiramos sus bocas ; así, pues, que vengan, dicen los jefes.» —Que al venir traigan lo que tienen: sus anillos , sus guantes; que vengan también con su pelota, dicen los jefes." "Decidles: —Venid". Así fue dicho a los mensajeros. He aquí a los mensajeros Búhos: Flecha-Búho, Maestro Gigante Búho, Guacamayo-Búho, Cabeza-Búho; así se llamaban los mensajeros de Xibalbá. Flecha-Búho era rápido como una flecha. De Maestro Gigante Búho la naturaleza era de gigante. De Guacamayo-Búho, la naturaleza era tener un dorso de fuego . Cabeza Búho no tenía más que una cabeza, no tenía piernas pero sí alas. Esos cuatro mensajeros tenían el oficio de Consejeros de los Varones. Partidos de Xibalbá, llegaron en seguida y se posaron en el juego de pelota. Supremo Maestro Mago, Principal Maestro Mago, peloteaban allí, en el juego de pelota llamado Juego de Pelota Ornado con Gran Frontón. Los Búhos se posaron en el juego de pelota, y formaron su discurso exactamente en el orden del discurso de todos los jefes llamados Supremo Muerto, Principal Muerto. Hacedor de Abscesos, Hacedor de Ictericia, Varilla de Huesos, Varilla de Cráneos, Extiende Tullidos. Reúne Sangre, Hacedor de Traición, Hacedor de Infortunio, Gavilán de Sangre, Opresión, que habían formado el discurso para los Búhos. "¿Los jefes Supremo Muerto. Principal Muerto, dijeron verdaderamente eso? ¿Dijeron verdaderamente que debíanlos acompañaros?" —-"Que traigan sus accesorios de juegos, dijeron los jefes." "Muy bien. Esperadnos. Al momento nos despedimos de nuestra madre", dijeron ellos, Fueron en seguida a la casa y dijeron a su madre, porque su padre ya había muerto: "Oh madre nuestra, partimos. Los mensajeros de los jefes han venido a recogernos. —Que vengan, han dicho ellos, dicen los que fueron enviados hacia nosotros". "Pero nuestra pelota quedará como testigo", añadieron y luego fueron a atarla en un agujero en lo alto de la mansión. Después: "La recogeremos". "En cuanto a vosotros, no haced más que absorber, cantar, pintar, cincelar, recrear vuestra casa, recrear el corazón de vuestra abuela", dijeron a Maestro Mono, Maestro Simio. Cuando se despidieron, su madre Antigua Ocultadora lloró de emoción. "Nos vamos, no estamos muertos; no os aflijáis", dijeron Supremo Maestro Mago, Principal Maestro Mago, poniéndose en camino. En seguida, Supremo Maestro Mago,

Principal! Maestro Mago, caminaron precedidos por los mensajeros. Después descendieron al camino que lleva a Xibalbá, de pendientes muy en declive. Habiendo descendido así, llegaron al borde de los ríos encantados de barrancos llamados Barranco Cantante Resonante, Barranco Cantante, que pasaron sobre ríos encantados con árboles espinosos; innumerables eran los árboles espinosos, pasaron sin hacerse daño . En seguida llegaron al borde del río de la Sangre , y allí pasaron sin beber. Llegaron a otro río, de agua solamente; no habiendo sido vencidos, lo pasaron también. Entonces llegaron allí donde cuatro caminos se cruzaban: allí fueron vencidos, allí donde cuatro caminos se cruzaban. Un camino rojo, un camino negro , un camino blanco, un camino amarillo ; cuatro caminos. He aquí que El del Camino Negro dijo: "Tomadme, yo el camino-jefe"; así dijo El del Camino. Allí fueron vencidos. He aquí que siguieron el camino de Xibalbá. Al llegar allá donde se congregaba el gobierno de Xibalbá, fueron vencidos. Ahora bien, los primeros sentados eran un maniquí, y un muñeco hecho de madera, arreglados por Xibalbá. Éstos fueron los primeros a quienes saludaron. "Salud. Supremo Muerto", dijeron al maniquí; "Salud, Principal Muerto", dijeron al muñeco hecho de madera. Éstos no respondieron. Entonces los jefes de Xibalbá hicieron ruido de risa: todos los jefes hicieron ruido de risa, pues en su espíritu eran victoriosos y Supremo Maestro Mago. Principal Maestro Mago, estaban vencidos. Rieron primeramente. Después Supremo Muerto, Principal Muerto, dijeron: "¡Muy bien! Habéis venido. Que mañana se despierten vuestros rostros, vuestros anillos, vuestros guantes": así dijeron. "Sentaos en nuestro banco ", fue dicho, pero el banco que daban era una piedra quemante; al sentarse en el banco, se quemaron; verdaderamente se escurrieron de aquel banco sin encontrar alivio: verdaderamente se levantaron, aquel asiento les quemaba. Entonces los Xibalbá se rieron otra vez; de risa tenían Ja lengua espesa; la serpiente Risa nacía en su corazón, en su sangre, en sus huesos. Reían, todos los Xibalbá reían. "Id a vuestra morada. Allí se os ofrecerá en el dormitorio vuestro pino , vuestro tabaco ", se les dijo. En seguida llegaron a la Mansión Tenebrosa; no había más que tinieblas en el interior de la mansión. Entonces los Xibalbá celebraron consejo. "Sacrifiquémoslos mañana; que mueran pronto; su juego nos insulta", se dijeron unos a otros los Xibalbá. Ahora, pues, su pino era una flecha redonda, del pino llamado Blanco Pedernal, el pino pedernal sacrificatorio de Xibalbá; puntiagudo era, pues, su juego; debía llegar aprisa a su fin y favorecer el plan de Xibalbá. Supremo Maestro Mago, Principal Maestro Mago, entraron en la Mansión Tenebrosa. Se les dieron sus pinos; a cada uno el pino encendido de Supremo Muerto. Principal Muerto: con esto a cada uno llegó también de los jefes su tabaco encendido; llegóse entonces a darlos a Supremo Maestro Mago. Principal Maestro Mago. Estaban en la obscuridad cuando se llegó a darles sus pinos y su tabaco; desde la entrada los pinos alumbraron. "Que cada uno queme su pino y su tabaco; que a la aurora vengan a darlos: pero que sin gastarlos nos los devuelvan, os dicen los jefes", díjose. Así fueron derrotados. El pino se consumió, el tabaco también se consumió, que se les había dado. Numerosas las pruebas de Xibalbá; muchas suertes de pruebas. La primera, la Mansión Tenebrosa, toda de oscuridad al interior. La segunda, llamada Mansión de los Calofríos, en la cual un frío muy insoportable, un frío muy picante, llenaba el interior. La tercera, llamada Mansión de los Jaguares, donde no había más que jaguares entremezclándose, atacándose, enseñando los dientes, mofándose, jaguares encerrados en la mansión. Mansión de los Murciélagos, nombre de la cuarta mansión; en el interior de la mansión, solamente murciélagos que gritaban, que aleteaban, que revoloteaban en la mansión, murciélagos encerrados sin poder salir. La quinta. Mansión de Obsidiana; no había más que vencedores, con sus flechas, en silencio, en lucha, en la mansión. Éstas son las primeras pruebas de Xibalbá, pero Supremo Maestro Mago. Principal Maestro Mago, no entraron; basta con mencionar los nombres de las mansiones de pruebas. Cuando Supremo Maestro Mago, Principal Maestro Mago, llegaron ante Supremo Muerto. Principal Muerto. "¿Dónde está mi tabaco, dónde está mi pino, que se os llevaron ayer noche?", les fue dicho. "Los acabamos, oh jefes". "Muy bien. Ahora acabaremos vuestros días, moriréis; seréis perdidos, seréis cortados ; aquí vuestra faz será escondida; seréis sacrificados", dijeron Supremo Muerto, Principal Muerto. Entonces se les sacrificó, se les enterró en el Juego de Pelota de los Sacrificios, así llamado. Se cortó la cabeza de Supremo Maestro Mago, y el primogénito fue enterrado con el segundón. "Que se ponga su cabeza en el árbol que está en el camino", dijeron Supremo Muerto, Principal Muerto. Cuando se fue a colocar la cabeza en medio del árbol, entonces el árbol dio frutas; no había frutas antes de que fuera puesta la cabeza de Supremo Maestro Mago en medio del árbol. Ahora bien, esta cabeza es la que llamamos ahora Cabeza de Supremo Maestro Mago, como se dice. Supremo Muerto, Principal Muerto, consideraron asombrados las frutas del árbol, frutas enteramente redondas. No se veía en dónde estaba la cabeza de Supremo Maestro Mago, fruta idéntica a las frutas del calabacero. Toda Xibalbá vino a mirar, a ver aquello. Grande se volvió en su espíritu el carácter de aquel árbol a causa de lo que se había súbitamente hecho en él cuando se había colocado en medio de él la cabeza de Supremo Maestro Mago. Entonces los Xibalbá se dijeron entre sí: "Que ninguno coja sus frutas. Que ninguno venga al pie del árbol"; así dijeron todos los Xibalbá, vedándose mutuamente, prohibiéndose mutuamente. Desde entonces la cabeza de Supremo Maestro Mago no se descubrió ya más; no formó más que un todo con las frutas del árbol llamado Calabacero. Pero una joven oyó ese gran relato, y he aquí, pues, que contaremos su aventura.

Y he aquí la historia de una joven, hija de un jefe llamado Reúne Sangre. Y he aquí que una joven, hija de un jefe, oyó. Reúne Sangre, era el nombre de su padre. La de la Sangre, era el nombre de la joven. Cuando oyó la historia de las frutas del árbol, que le fue contada por su padre, se maravilló grandemente de tal relato. "¿Por qué no iría yo a ver ese árbol del cual se habla? Por lo que oigo decir, esas frutas son verdaderamente agradables", se dijo ella. Entonces partió sola, y llegó al pie del árbol plantado en medio del Juego de Pelota de los Sacrificios. "¡Ah, ah! ¿Son ésas las frutas del árbol? ¡Cuan agradables las frutas de ese árbol! ¿Moriré, me perderé si cojo algunas?", dijo la joven. Entonces el hueso que estaba en medio del árbol habló. "¿Qué deseas? Estas bolas redondas en las ramas de árbol no son más que huesos", dijo la cabeza de Supremo Maestro Mago, hablándole a la adolescente. "¿Las deseas todavía?", añadió. "Ése es mi deseo", dijo la joven. "¡Muy bien! Extiende solamente el extremo de tu mano". "Sí", dijo la adolescente, alargando su mano que extendió ante el hueso. Entonces el hueso lanzó con fuerza saliva en la mano extendida de la joven; ésta, al instante, miró con mirada curiosa el hueco de su mano, pero la saliva del hueso ya no estaba en su mano, "En esa saliva, esa baba, te he dado mi posteridad. He aquí que mi cabeza no hablará ya más; ya no es más que un hueso descarnado. Así son igualmente las cabezas de los grandes jefes. Sólo la carne vuelve buena la cara, de donde proviene, cuando mueren, el terror de los hombres a causa de las osamentas. Lo mismo pasa con los hijos, cuyo ser es como la saliva, la baba, la cual, sea de hijos de jefes, sea de hijos de Sabios, de oradores, no se pierde sino que se extiende, se continúa, sin que se extinga, sin que se aniquile la faz del jefe, del Varón, del Sabio, del Orador. Tal como pasa con los hijos que vienen, así he hecho contigo. Sube, pues, a la tierra sin morir. Que en ti penetre mi Palabra . Que así sea", dijo la cabeza de Supremo Maestro Mago, Principal Maestro Mago. Ahora bien, esta Magia la habían hecho ellos por la Palabra de Maestro Gigante Relámpago, Huella del Relámpago, Esplendor del Relámpago. La joven volvió entonces a su casa, habiéndole sido hechas numerosas advertencias . Y al instante, solamente por la saliva, sus hijos nacieron en su vientre. Tal fue el engendramiento de Maestro Mago, Brujito. La adolescente llegó a su casa. Seis lunas se acabaron. Entonces ella fue examinada por su padre; Reúne Sangre, nombre de su padre. Después del examen de la joven por el padre, éste vio que allí había un hijo. Entonces los jefes Supremo Muerto, Muerto Principal, juntaron toda su sabiduría con la de Reúne Sangre. "Oh, jefes, he aquí que por fornicación mi hija tiene un hijo", dijo Reúne Sangre, al llegar junto a los jefes. "¡Y bien! Cava su boca . Si no habla que se la sacrifique, que se vaya a sacrificarla lejos de aquí". "Muy bien, oh grandes jefes", respondió él. Entonces le preguntó a su hija: "Oh, hija mía, ¿cuál es el posesor del hijo que hay en tu vientre? ". Ella respondió: "Oh, padre mío, ahí no hay hijo; no hay ningún hombre del cual yo conozca la faz". Él respondió: "¡Perfectamente! ¡Verdaderamente! ¡Oh fornicadora!" "Que se la lleven. Oh Consejeros de los Varones, sacrificadla, recoged su corazón en una copa. Volved hoy al lado de los jefes", dijo él a los Búhos. Entonces los cuatro Búhos fueron a coger la copa, caminaron, transportando a la adolescente en sus brazos, llevando el Blanco Pedernal para sacrificarla. "Oh mensajeros, no haríais bien en matarme, pues sin fornicación concebí lo que está en mi vientre, que se engendró cuandro fui a admirar la cabeza de Supremo Maestro Mago, que está en el Juego de Pelota de los Sacrificios. Así, pues, no me sacrifiquéis, oh Mensajeros", dijo la adolescente, "hablándoles. "¿Qué pondremos en cambio en tu corazón? Nos ha sido dicho por su padre: «Recoged su corazón, volved al lado de los jefes; cumpliréis, y después manifestaréis el cumplimiento; traed prontamente en una copa, colocad en el fondo de la copa el corazón». ¿No nos habló así? ¿Qué presentaremos, pues, en la copa? Sin embargo, desde luego, queremos que no mueras", dijeron los mensajeros. "Muy bien. Este corazón no puede ser de ellos. Vuestra casa no puede tampoco estar aquí. No solamente tendréis poder sobre la muerte de los hombres, sino que, en verdad, vuestros serán los verdaderos fornicadores . Míos serán en seguida Supremo Muerto, Principal Muerto. Que sólo la sangre del Drago esté ante sus rostros. Este corazón no será quemado ante ellos. Poned el fruto del árbol", dijo la joven. Y, roja, la savia del árbol salió y fluyó en la copa; se hinchó allí y se volvió bola en reemplazo del corazón. Brotante salió la savia del árbol rojo; semejante a sangre; la savia salió en cambio de la sangre; entonces la sangre, la savia del árbol rojo se formó en bola; semejante a sangre, apareció brillante, rojiza, en bola, en la copa. Entonces el árbol se volvió célebre a causa de la adolescente; fue llamado Árbol Rojo de Cochinilla; fue pues llamado Sangre a causa de la sangre del Drago, así llamado. "Allí pues seréis amados, y lo que está en la superficie de la tierra será vuestro", dijo ella a los Búhos. "Muy bien, joven. Partimos, vamos a dar cuenta. Sigue tu camino. Vamos a presentar ante los jefes la imagen, el sustituto, de tu corazón", respondieron los mensajeros. Cuando llegaron ante los jefes, todos esperaban ansiosamente. "¿Se acabó?", dijo entonces Supremo Muerto. "Se acabó, oh jefes. He aquí ahora el corazón en la copa". "Muy bien. Que yo vea", dijo Supremo Muerto. Entonces él levantó aquello. La savia rojiza se esparció como sangre. "Animad bien el resplandor del fuego. Poned esto en el fuego", agregó Supremo Muerto. Después de que se le hubo puesto en el fuego, los Xibalbá comenzaron a oler el olor, todos comenzaron a estar aturdidos, pues verdaderamente agradable era el perfume que olían del humo de la sangre. Mientras que permanecían así, los Búhos, advertidos por la adolescente, subieron numerosos a la cavidad sobre la tierra, adonde subió también su dadora de aviso . Así fueron vencidos los jefes de Xibalbá por esta joven que los burló a todos.

L a abuela de Maestro Mono, Maestro Simio, estaba allí cuando la mujer Sangre vino a casa de la abuela de Maestro Mono, Maestro Simio. En ella vivían sus hijos, y poco faltaba para que naciesen los llamados Maestro Mago, Brujito. Cuando la mujer llegó a casa de la abuela, la mujer dijo a la abuela: "Llego, oh madre, yo Tu nuera, yo Tu hija, oh Madre"; así dijo al entrar en casa de la abuela. "¿De dónde vienes tú? ¿Dónde están mis hijos? ¿No han muerto en Xibalbá? ¿Sus dos descendientes, el signo de su Palabra, llamados Maestro Mono. Maestro Simio, no los ves tú? Sal de aquí. Vete", fue respondido por la abuela a la adolescente. "En verdad, yo soy ciertamente tu nuera. Yo soy de Supremo Maestro Mago; helo aquí llevado vivo. Supremo Maestro Mago, Principal Maestro Mago, no están muertos; su sentencia les ha hecho ilustres. Tú eres Mi suegra. Así, ve sus rostros queridos en los que yo traigo", dijo ella a la abuela. En seguida, Maestro Mono, Maestro Simio, se irritaron. No hacían más que música, más que canto; su trabajo cotidiano no era sino pintura, sino escultura; recreaban el corazón de su abuela. La abuela recomenzó: "Ninguna necesidad tengo de ti para nuera mía. Sólo la fornicación hay en tu vientre. Oh mentirosa, mis hijos de los cuales hablas, han muerto". La abuela dijo otra vez: "Demasiado verdaderas son mis palabras. Pero sea, tú eres mi nuera, a lo que entiendo. Ve pues a recoger su alimento para los que comen; ve a coger una gran red llena. Vuelve en seguida puesto que eres mi nuera, a lo que entiendo", le dijo a la joven. "Muy bien", respondió ésta, y después tomó el camino de las sementeras que habían sembrado Maestro Mono, Maestro Simio, por quienes había sido desmontado el campo; la adolescente lo siguió y llegó así a las sementeras. Un solo tallo en el campo; no había dos tallos, tres tallos; sólo un tallo manifestaba su faz. Entonces se angustió el corazón de la joven. "Desdichada de mí, yo, deseadora carnal. ¿Dónde recogeré la red de alimentos que se me ha dicho?", añadió. Entonces invocó a Guardián del Alimento para que él viniera y para que ella llevara. "¡La de la Lluvia. La de la Madurez. La del Cacao, vosotras que preparáis el maíz, tú, Guardián del Alimento de Maestro Mono, Maestro Simio!", dijo la adolescente. Entonces tomó las barbas, las brácteas de la mazorca, las arrancó dulcemente, sin coger la mazorca, y las arregló como mazorcas en la red; llenó la gran red. Entonces la joven se fue. Unos animales se encargaron de la red; al llegar fueron a poner la banastada contra la pared de la mansión. La abuela corrió para verla. Cuando la abuela vio una gran red llena de alimento: "¿De dónde te ha venido este alimento? ¿Has arruinado, has acabado de coger mis sementeras? Voy a ver", dijo la abuela, poniéndose en camino, yendo a ver sus sementeras. Pero había como siempre un tallo. Se veía dónde había sido puesta la red. Por tanto, la abuela volvió aprisa a la casa; y dijo a la adolescente: "En verdad, ése es el signo de que eres mi nuera. Aún veré tus actos, los de los muy Sabios que están en ti"; así le dijo a la joven.

He aquí que diremos la infancia de Maestro Mago, Brujito. He aquí que vamos a contar su infancia. Cuando fue llegado el día del alumbramiento, la adolescente llamada Sangre dio a luz. La abuela no asistió al parto. Al instante nacieron los dos que fueron paridos, llamados Maestro Mago, Brujito; en la montaña nacieron. Entonces entraron en la morada: pero no dormían. "Vete a llevarlos afuera. En verdad gritan sus bocas", dijo la abuela. Entonces se les puso sobre las hormigas, pero su sueño fue agradable. De allí se les llevó y se les puso sobre espinas. Ahora bien. Maestro Mono. Maestro Simio, deseaban que muriesen allá, sobre las hormigas, que muriesen allá, sobre las espinas. Lo deseaban porque eran rivales, envidiados, para Maestro Mono, Maestro Simio. Al principio sus hermano? menores no fueron recibidos por ellos en la mansión; ésto? no los conocieron y vivieron en la montaña. Ahora bien. Maestro Mono, Maestro Simio, eran grandes músicos, cantantes. Los dos recién nacidos crecieron, y grandes tormentos y penas los fatigaron, los atormentaron. Habíanse vuelto grandísimos sabios: habíanse vuelto músicos, cantantes, escultores: todo era bien hecho por ellos. Sabían su nacimiento; sabían también que eran los sustitutos de su padre, quien había ido a Xibalbá, adónde había muerto su padre. Maestro Mono. Maestro Simio, eran grandísimos sabios; en su espíritu lo habían sabido todo desde luego, cuando habían nacido sus hermanos menores. Pero su sapiencia no se mostró a causa de su envidia; en ellos dominó la humillación de sus corazones. Pero ningún acto de Maestro Mago, Brujito, les había perjudicado. En efecto, éstos no hacían cada día más que tirar con cerbatanas. No eran amados por su abuela y por Maestro Mono, Maestro Simio. No se les daba de comer, sino que, cuando la comida había acabado, cuando Maestro Mono, Maestro Simio, habían comido, entonces venían ellos. No se encolerizaban, no se irritaban, pero sufrían. Conocían su ser y veían claro. Cada día al venir traían pájaros que Maestro Mono, Maestro Simio, comían sin darles nada al uno o al otro, Maestro Mago, Brujito, Maestro Mono, Maestro Simio, no hacían más que música, canto. Ahora bien. Maestro Mago, Brujito, habían venido sin traer pájaros; la abuela se irritó cuando entraron: "¿Por qué no traéis pájaros?", les dijo a Maestro Mago, Brujito. "Madre nuestra, he aquí que nuestros pájaros se han enredado en ¡as ramas frondosas de un árbol", respondieron. "Abuela nuestra, no podemos subir al árbol para cogerlos; pero que nuestros hermanos mayores suban a él, que vengan con nosotros y que bajen los pájaros", añadieron. "Muy bien. Al alba iremos con vosotros , respondieron los primogénitos. Ahora bien, la Sabiduría de Maestro Mono, Maestro Simio, estaba muerta en ellos dos en lo concerniente, a su derrota. "No cambiaremos sino su ser y su vientre. Nuestra Palabra obrará a causa de los grandes tormentos que nos han infligido para que muriésemos, que fuésemos aniquilados, que nos sobreviniese una desgracia a nosotros sus hermanos menores. Como a sirvientes nos han rebajado en sus corazones; nosotros los humillaremos lo mismo, lo cual haremos como signo", su dijeron el uno al otro mientras iban al pie del árbol llamado Palo-Amarillo . Acompañados de sus hermanos mayores, caminaban disparando con las cerbatanas, innumerables eran los pájaros que gorjeaban en el árbol, y sus hermanos mayores se maravillaban de ver aquellos pájaros. "He aquí pájaros, pero ni uno sólo ha caído al pie del árbol; no ha caído ninguno de nuestros pájaros; id a hacerlos caer", dijeron a los primogénitos. "Muy bien", respondieron éstos. Pero cuando hubieron subido al árbol, el árbol creció, su tronco engrosó; y cuando Maestro Mono, Maestro Simio, quisieron bajar después, no pudieron descender de la cima del árbol. Desde la cima del árbol dijeron: "Oh, hermanos menores nuestros, ¿cómo ha pasado esto? Tened piedad de nuestros rostros. He aquí que este árbol espanta a los que lo miran, oh hermanos menores nuestros"; así dijeron desde la cima del árbol. Y Maestro Mago, Brujito, dijeron: "Desenrrollad vuestros taparrabos, atadlos bajo vuestros vientres, con una larga punta colgando que echaréis por detrás, y así marcharéis cómodamente", así respondieron los dos hermanos menores. "Muy bien", dijeron los primogénitos tirando de las extremidades de sus taparrabos, pero al instante éstas se volvieron colas, y ellos fueron metamorfoseados en monos. En seguida caminaron por las cimas de los árboles de las montañas pequeñas, de las montañas grandes; caminaron por las selvas, alegrándose, balanceándose en las ramas de los árboles. Así fueron vencidos Maestro Mono, Maestro Simio," por Maestro Mago, Brujito, quienes no lo hicieron sino por su Ciencia Mágica. Volvieron entonces a su casa. Al llegar dijeron a su abuela y a su madre: "Oh abuela nuestra, ¿qué les ha pasado, pues, a nuestros hermanos mayores? Súbitamente sus rostros se han vuelto como los de los animales", así dijeron. "Si sois vosotros quienes habéis hecho eso a vuestros hermanos mayores, me habéis hecho infeliz, me habéis hecho desdichada. Oh hijos míos, no haced, pues, eso a vuestros hermanos mayores", respondió la abuela a Maestro Mago, Brujito. Ellos respondieron entonces a su abuela: "Oh abuela nuestra, no os aflijáis; volveréis a ver los rostros de nuestros hermanos mayores; volverán, pero esto será una prueba para vos, nuestra abuela. Guardaos de reír. Probad ahora su suerte". En seguida comenzaron a tocar la flauta, a tocar el "Mono de Maestro Mago". Después cantaron, tañeron la flauta, tocaron el tambor, tomando sus flautas, sus tambores. Sentaron entonces con ellos a su abuela; cuando tañeron la flauta, con el canto y con la música ejecutaron el aire llamando con el nombre de "Mono de Maestro Mago". Entonces entraron Maestro Mono, Maestro Simio, quienes danzaron al llegar. Cuando la abuela echó de ver sus feas caras, cuando ella los vio, entonces la abuela se rió, la abuela no pudo contener la risa; al instante, fuéronse; ella no vio ya más sus caras. "¡Eh, abuela nuestra, se han ido a la selva! Abuela nuestra, ¿por qué hicisteis eso? Cuatro veces solamente probaremos. Solamente tres veces todavía haremos resonar la flauta, el canto. Retened vuestra risa, y que la prueba recomience", dijeron otra vez Maestro Mago, Brujito; después, tocaron de nuevo la flauta. Los primogénitos volvieron entonces, danzando, al centro de la morada, pero causaban tanto placer, incitaban tanto a reír a su abuela, que bien pronto la abuela se rió. Verdaderamente risibles eran sus faces de monos con sus anchos vientres, sus colas inquietas, sus estómagos lisos; cuando entraron, esto hizo reír a la abuela. Entonces, volvieron a las montañas. "Abuela nuestra, ¿qué haremos? Solamente por la tercera vez probaremos", dijeron Maestro Mago, Brujito, quienes tocaron una vez más la flauta. Los primogénitos volvieron de nuevo bailando, pero su abuela se abstuvo de reír. Subieron a la terraza del edificio; sus ojos, muy rojos, chispeaban; se acurrucaron; con sus hocicos alargados se hicieron muecas. Entonces la abuela los miró de nuevo, y al instante la abuela estalló en risa. A causa de la risa de la abuela no se volvieron a ver ya más sus rostros. "Oh, abuela nuestra, los llamaremos todavía, por cuarta vez". Entonces los segundones tocaron de nuevo la flauta, pero sus hermanos mayores no volvieron a la cuarta vez, sino que se fueron al instante a la selva. Los segundones dijeron, entonces, a la abuela: "Abuela nuestra, habíamos probado y al principio vinieron; acabamos aún de probar a llamarlos. No os enfadéis. Nosotros somos, nosotros, vuestros nietos y os miramos como a nuestra madre, oh abuela nuestra, en memoria de nuestros hermanos mayores que se distinguieron, que se llamaron Maestro Mono, Maestro Simio, así llamados"; así dijeron Maestro Mago, Brujito. Ahora bien, los primogénitos eran invocados por los músicos, por los cantantes, entre los hombres de otros tiempos; antaño también los pintores, los cinceladores, los invocaban. Pero se volvieron animales, fueron hechos monos, porque se enorgullecían, porque maltrataban a sus hermanos menores. Así fueron aminorados sus corazones; así fueron perdidos, fueron aniquilados Maestro Mono, Maestro Simio, vueltos animales. Ahora bien, habían estado siempre en su casa, en donde se habían hecho grandes músicos, cantantes, cuando vivían con su abuela, con su madre.

Los segundones comenzaron sus trabajos para manifestarse ante su abuela, ante su madre. Primeramente hicieron su campo. "Oh abuela nuestra, oh madre nuestra, trabajaremos en los campos", dijeron. "No os aflijáis. Nosotros somos, nosotros, vuestros nietos, nosotros los sustitutos de nuestros hermanos mayores", dijeron Maestro Mago, Brujito. Entonces tomaron su hacha para madera, su azadón, su coa , y caminaron, cada uno con su cerbatana al hombro. Al salir de su casa recomendaron a su abuela que les llevara su comida. "Oh abuela nuestra, que se nos dé a mediodía nuestro alimento", dijeron. "Muy bien, oh nietos míos", respondió su abuela. Llegaron en seguida allá donde estaba el campo. Por todas partes en donde hundieron su azadón en la tierra, el azadón sólo trabajó la tierra; ellos no trabajaban; el azadón sólo. Y golpearon con el hacha los troncos de los árboles y las ramas de los árboles, derribando, podando, derribándolo todo, árboles, bejucos; y cortaba aquella madera, hacía todo aquello, un hacha sola. He aquí que el azadón arrancaba mucho; innumerables las zarzas, los espinos, trabajados por un azadón sólo; innumerable lo que fue arrancado en las montañas pequeñas, las montañas grandes. Entonces ordenaron a un animal llamado Paloma Torcaz; habiéndola hecho subir a un gran tronco, Maestro Mago, Brujito, le dijeron: "Mira cuando nuestra abuela venga a darnos nuestro alimento; arrulla luego que llegue, arrulla y cogeremos el azadón, el hacha". "Muy bien", respondió Paloma Torcaz. He aquí que ellos no hicieron más que tirar con cerbatanas; en realidad no trabajaron el campo. Después de lo cual. Paloma Torcaz arrulló. Al instante vinieron, el uno a tomar el azadón, el otro a tornar el hacha. Habiéndose envuelto la cabeza, el uno se cubrió falazmente de tierra las manos, ensuciándose el rostro lo mismo, como un verdadero labrador; el otro se cubrió falazmente de astillas de madera la cabeza, como si verdaderamente hubiera podado, carpinteado. Entonces fueron vistos por su abuela. En seguida comieron. En verdad, no habían trabajado el campo; llegóse, pues, sin causa, a darles su comida. Cuando llegaron a la casa: "Abuela nuestra, verdaderamente nos acostamos", dijeron al entrar, estirando sin motivo sus piernas, sus brazos, delante de su abuela. Cuando al día siguiente volvieron, llegaron al campo, todos los árboles, los bejucos, se habían vuelto a levantar, todas las zarzas, los espinos, estaban enmarañados, cuando llegaron. "¿Quién se ha burlado de nosotros?", dijeron. "Los que hicieron esto son todos los animales pequeños, los animales grandes, puma, jaguar, venado, conejo, zorro, coyote, cerdo, puerco-espín, los pájaros pequeños, los pájaros grandes; son ellos quienes hicieron esto y lo hicieron en una noche". En seguida comenzaron de nuevo a trabajar el campo, hicieron lo mismo en la tierra para cortar los árboles; celebraron consejo mientras cortaban los árboles, mientras arrancaban. "Solamente velaremos nuestro campo. Quizás sorprenderemos a quienes vinieron a hacer esto", dijeron celebrando consejo; después volviéronse a la casa. "¿Qué véis? ¿Se burlan de nosotros, oh abuela nuestra? Grandes hierbas, la gran selva, hay allá adonde estaba nuestro campo cuando de día fuimos, oh abuela nuestra", dijeron a su abuela, a su madre. "Volveremos, velaremos; no está bien que se nos haga eso", dijeron. En seguida se armaron, en seguida volvieron a sus árboles cortados y se ocultaron en ellos, se abrigaron a la sombra. Entonces los animalitos se congregaron, cada especie reuniéndose, todos los animales pequeños, los animales grandes; he aquí que a media noche llegaron. He aquí sus Palabras: "¡Arboles, levantaos! ¡Bejucos, levantaos!"; así dijeron al llegar, amontonándose bajo los árboles, bajo los bejucos; entonces avanzaron, se mostraron, ante los rostros de los dos segundones. He aquí los primeros: el puma, el jaguar; los jóvenes quisieron cogerlos, pero no se dieron a ellos. Entonces avanzaron, colas acercadas, el venado, el conejo; los jóvenes los asieron pero no arrancaron más que la extremidad de la cola del venado, del conejo, que se les quedó entre las manos: habiendo asido la cola del venado, la cola del conejo, dichas colas fueron acortadas. El zorro, el coyote, el cerdo, el puerco-espín, no se dieron a ellos. Todos los animales se mostraron ante Maestro Mago. Brujito. Los corazones de éstos fueron afligidos porque no cogieron ninguno. Otro llegó, el último; llegó brincando. Entonces ellos se pusieron de través en su camino, cogieron en un pañuelo a la Rata. Habiéndola cogido le apretaron vivamente la cabeza, queriendo ahogarla. Le quemaron la cola en el fuego; entonces la rata comenzó a llevar así la cola, a no tener pelos en la cola; sus ojos volviéronse saltones porque habían querido ahogarla los engendrados Maestro Mago, Brujito. "Que yo no muera por obra de vosotros. Vuestro oficio no es cultivar", les dijo la rata. "¿Qué nos cuentas tú ahora?", respondieron a la rata los engendrados. "Dejadme un momento. Mi Palabra está en mi vientre y yo os la contaré: dadme ahora algo de comer", dijo la rata. "Después te daremos de comer; cuenta primero", fue dicho. "Muy bien. He aquí que los bienes de vuestros padres llamados Supremo Mago, Principal Maestro Mago, quienes murieron en Xibalbá, existen suspendidos en lo alto de la mansión; sus anillos, sus guantes, su pelota; pero vuestra abuela no quiso mostrároslo, pues vuestros padres murieron por eso". "¿Dices la verdad?", dijeron a la rata los engendrados. Gran alegría hubo en sus corazones al oír la historia de la pelota. Habiendo contado la rata, ellos dieron de comer a la rata. "He aquí tu alimento; maíz, pimiento blanco, frijoles, cacao moneda , cacao clase extra, serán tuyos; lo que fuere conservado, olvidado, tuyo también y tú lo roerás", dijeron a la rata Maestro Mago, Brujito. "Muy bien, engendrados. ¿Qué diré si vuestra abuela me ve?", respondió. "Que tu corazón no tema. Aquí estamos nosotros, prestos estamos nosotros para responder a nuestra abuela. Vamos aprisa a subir a ese rincón de la mansión; vamos adonde es preciso ir; tú subirás aprisa adonde aquello está suspendido; nosotros veremos en los cordajes de la mansión; también veremos por nuestra comida", dijeron a la rata. Se consultaron una noche; después de haber celebrado consejo, Maestro Mago, Brujito, llegaron a mediodía. Sin mostrar la rata que llevaban, llegaron; el uno entró abiertamente en la casa; el otro fue al rincón de la mansión, en donde al instante dejó trepar a la rata. Pidieron entonces a su abuela su comida. "Moled solamente nuestro alimento; no deseamos más que un caldo con pimiento , oh abuela nuestra", dijeron. Ella les preparó al instante una copa de caldo caliente que puso delante de sus rostros. Solamente para engañar a su abuela, a su madre. Derramaron el agua del cántaro. "Nuestras bocas están verdaderamente secas. Id a buscar nuestra bebida", dijeron a la abuela. "Sí", dijo ella saliendo. Sin embargo, comieron, verdaderamente sin hambre; no obraban sino por fingimiento. Mientras vigilaban el caldo de pimiento para la rata, la rata trepaba junto a la pelota suspendida en lo alto de la mansión. Mientras vigilaban el caldo de pimiento, enviaron un Mosquito; el Mosquito, animal semejante a un cínife, fue al borde del río; al instante agujereó el fondo del cántaro de la abuela, y el agua se derramó por el fondo del cántaro; ella trató de tapar el fondo del cántaro pero no pudo. "¿Qué hace nuestra abuela? Nos sofocamos, por falta de agua; nos acabamos por nuestras bocas secas , dijeron a su madre, enviándola afuera. La rata subió en seguida junto a la pelota que cayó de las cuerdas de la casa con los anillos, los guantes, los escudos de cuero; los tomaron al instante y fueron a esconderlos en el camino que conducía al juego de pelota. Después fueron a buscar a su abuela al borde del río; su abuela, su madre, trataban cada una de tapar el fondo del cántaro. Llegaron ellos, cada uno con sus cerbatanas, y avanzaron hasta el borde del río. "¿Qué hacéis? Nuestros corazones se cansan; venimos", dijeron. "Ved el fondo del cántaro; no se puede tapar", respondió la abuela . Al instante ellos lo taparon. Volvieron, marchando delante de su abuela. He aquí cómo les fue entregada la pelota.

Ahora bien, ellos se regocijaron de ir a pelotear en el juego de pelota. Fueron lejos a jugar solos; barrieron el juego de pelota de su padre. Entonces los jefes de Xibalbá los oyeron. "¿Quiénes son esos que comienzan ahora a jugar sobre nuestras cabezas, que no se avergüenzan de hacer temblar la tierra? Supremo Maestro Mago, Principal Maestro

Mago, que quisieron enorgullecerse ante nuestros rostros, ¿no están muertos? Que se vaya, pues, a llamar a ésos", dijeron Supremo Muerto, Principal Muerto, a todos los jefes. Enviaron. Dijeron a sus mensajeros: "Id a decirles: «que vengan», dicen los jefes. «Aquí queremos pelotear con ellos; dentro de siete días jugaremos», dicen los jefes. Id a decirles eso", fue repetido a los mensajeros. Éstos tomaron el gran camino que los engendrados habían desmontado hasta su casa, recto hasta su casa; por él los mensajeros llegaron directamente hasta donde estaba la abuela, los engendrados comían en el juego de pelota cuando llegaron los mensajeros de Xibalbá. "En verdad, que vengan, dicen los jefes", dijeron los mensajeros de Xibalbá. Entonces los mensajeros de Xibalbá indicaron el día de la venida de los engendrados. "Dentro de siete días se les esperará", dijeron a Antigua Ocultadora los enviados. "Muy bien. Allí estarán, oh mensajeros", respondió la abuela. Y los enviados se pusieron en camino y regresaron a Xibalbá. Entonces se angustió el corazón de la abuela: "¿A quién enviaría yo para hablar a mis nietos? En verdad, ¿no es así como antaño vinieron los mensajeros a coger a sus padres?", dijo tristemente la abuela entrando sola en la casa. Al instante por debajo de su vestido cayó un Piojo. Ella lo asió, lo levantó, lo puso en su mano en donde el piojo se movió, anduvo. "Oh nieto mío, ¿quieres que te envíe al juego de pelota para llamar a mis nietos?", le dijo al piojo. "Unos mensajeros han venido como heraldos a decir a vuestra abuela: «Que se preparen y que dentro de siete días vengan»; así han dicho los mensajeros de Xibalbá. Así dice vuestra abuela", le dijo al piojo. Entonces éste caminó, se apresuró. Ahora, pues, sentado en el camino, encontró a un engendrado llamado Batracio, un sapo. "¿Adonde vas?", le dijo el sapo al piojo. "Mi palabra está en mi vientre; voy hacia donde están los jóvenes", dijo el piojo a Batracio. "Muy bien. No te apresuras, por lo que veo", fue dicho al piojo por el sapo. "¿Quieres que te trague? Verás cómo me apresuro. Llegaremos al instante". "Muy bien", dijo el piojo al sapo, e inmediatamente fue tragado por el sapo. Ahora bien, el sapo anduvo largo tiempo, caminando sin darse prisa; después encontró a una gran serpiente llamada Blanca Víbora. "¿Adonde vas, oh Batracio, oh engendrado?", dijo Blanca Víbora al sapo. "Soy un mensajero; mi Palabra está en mi vientre", dijo el sapo a la serpiente. "Por lo que veo, no te apresuras. ¿Iré yo más aprisa?", dijo la serpiente al sapo. "Ven aquí aprisa", añadió; entonces el sapo fue tragado por Blanca Víbora. Desde entonces las serpientes toman al sapo como alimento; se comen ahora a los sapos. La serpiente caminaba, corría. La serpiente fue encontrada por el Gavilán, gran ave; al instante la serpiente fue tragada por el gavilán, quien poco después llegó a lo alto del juego de pelota. Desde entonces el gavilán tomó por alimento, se comió a las serpientes en las montañas. Al llegar, el gavilán se posó en el reborde del edificio del juego de pelota en donde se divertían en pelotear Maestro Mago, Brujito. Al posarse el gavilán gritó: "¡Gavilán! ¡Gavilán!"; su grito dijo: "Gavilán". "¿Qué es ese grito? ¡Pronto, nuestras cerbatanas", dijeron los engendrados, y después dispararon con las cerbatanas al gavilán, le enviaron en los ojos el hueso de la cerbatana; al instante dio una vuelta sobre sí mismo y cayó. Corrieron inmediatamente a cogerlo. | y después lo interrogaron: "¿Por qué vienes?", le dijeron al gavilán. "Mi mensaje está en mi vientre, pero primero curad mis ojos y después os lo diré", dijo el gavilán. "Muy bien", dijeron ellos. Tomaron un poco de la pelota de su juego de pelota y lo aplicaron sobre la faz del gavilán. Esto fue llamado Remedio-Pelota por ellos. Al instante con eso curaron bien la faz del gavilán. "Habla ahora", le dijeron al gavilán. Entonces él vomitó a la gran serpiente. "Habla", le dijeron a la serpiente. "Sí", dijo ésta, y entonces vomitó al sapo. "¿Dónde está el mensaje anunciado?", le dijeron al sapo. "En mi vientre está mi Palabra", dijo el sapo. Entonces trató de vomitar, hizo esfuerzos, pero no vomitó; la tentativa solamente cubrió de baba su boca, sin vomitar. Los engendrados quisieron entonces maltratarlo. "Eres un engañador", dijeron pateándole el trasero : entonces los huesos de su trasero descendieron sobre sus piernas. Probó otra vez; solamente baba ensució su boca. Entonces abrieron la boca del sapo; fue abierta | su boca por los engendrados; buscaron en su boca; ahora bien, el piojo estaba junto a los dientes del sapo; estaba en su boca. No se lo había tragado: solamente como si se lo hubiera tragado. Así fue vencido el sapo; no se conoce la clase de alimentos que le fue dada; no corre; no es sino carne para serpientes. "Habla", fue dicho entonces al piojo. Él contó su mensaje. "Oh engendrado, vuestra abuela ha dicho esto: «Ve a llamarlos. De Xibalbá han venido a llamarlos los mensajeros de Supremo Muerto, Principal Muerto. —Que vengan aquí a pelotear con nosotros dentro de siete días; que vengan también sus accesorios de juego; pelota, anillos, guantes, escudos de cuero; que aquí se vivifiquen sus rostros, dicen los jefes. En verdad, ellos han venido», dice vuestra abuela. Entonces yo he venido. Vuestra abuela ha dicho eso verdaderamente. Vuestra abuela llora, gime. Yo he venido". "¿Es verdad esto?", dijeron en sus corazones los engendrados, al escucharlo. Al instante caminaron, llegaron junto a su abuela, solamente para despedirse de su abuela, para partir. "Oh abuela nuestra, partimos, nos despedimos de vos. He aquí que dejamos el signo de nuestra Palabra. Cada uno plantamos aquí una caña; las plantamos en medio de la casa. Si se secan, signo será de nuestra muerte. «Han muerto», diréis si se secan. Si echan yemas diréis: «Viven» . Oh abuela nuestra, oh madre nuestra, no lloréis. He aquí el signo de nuestra Palabra que queda junto a vosotras", dijeron. Partieron, luego que Maestro Mago hubo plantado una caña, y que Brujito hubo plantado una caña. Las plantaron, no en las montañas, no en una tierra verdeante, sino en una tierra seca, en medio de la casa en donde las dejaron plantadas.

Entonces caminaron, cada uno con su cerbatana. Descendieron hacia Xibalbá. Descendieron aprisa la pendiente rápida y pasaron los ríos encantados de los barrancos; los pasaron entre pájaros; son los pájaros llamados Congregados. Pasaron el río Absceso, el río Sangre, en donde, en el espíritu de los Xibalbá, debían ser vencidos; no los pasaron sino sobre sus certabanas. Salidos de allí, llegaron a la encrucijada de los Cuatro Caminos. Ahora bien, ellos conocían los caminos de Xibalbá: el camino negro, el camino blanco, el camino rojo, el camino verde. Por tanto, desde allí enviaron a un animal llamado Mosquito; éste debía recoger las noticias que ellos le enviaban a buscar: "Pica a cada uno de ellos. Muerde primeramente al que esté sentado primero, y después, acaba por picarlos a todos. Tu alimento será chupar en los caminos la sangre humana", fue dicho a Mosquito. "Muy bien", respondió Mosquito. Entonces entró por el camino negro. Llegó junto al maniquí, al muñeco labrado en madera, los primeros sentados, engalanados. Picó al primero, que no habló. Picó al otro, picó al segundo sentado, que no habló. Picó al tercero;

el tercero era Supremo Muerto. "¡Ay! ¡Ay!", dijo Supremo Muerto cuando fue picado. "¿Qué, Supremo Muerto, quién os picó?", le dijo Principal Muerto. "No sé", respondió Supremo Muerto. "¡Ay!" dijo el cuarto sentado. "¿Qué, Principal Muerto, quién os picó?", dijo el quinto sentado. "¡Ay! ¡Ay!", dijo. Extiende Tullidos. Principal Muerto le dijo: "¿Quién os picó?". Picado, el sexto dijo: "¡Ay!". "¿Qué, Reúne Sangre?", le dijo Extiende Tullidos. "¿Quién os picó?", dijo el séptimo, que entonces fue picado. "¡Ay!", dijo. "¿Qué, El del Absceso?", le dijo Reúne Sangre. "¿Quién os picó?", dijo el octavo sentado que fue entonces picado. "¡Ay!" dijo. "¿Qué, El de la Ictericia?", le dijo el del Absceso. "¿Quién os picó?", le dijo el noveno sentado que entonces fue picado. "¡Ay!", dijo. "¿Qué, Varilla de Hueso?", le dijo el de la Ictericia. "¿Quién os picó?", le dijo el décimo sentado, que fue entonces picado. "¡Ay!" "¿Qué, Varilla de Cráneos?", le dijo Varilla de Huesos. "¿Quién os picó?", dijo el undécimo sentado, que fue entonces picado. "¡Ay!", dijo. "¿Qué?", le dijo Varilla de Cráneos. "¿Quién os picó?", dijo el duodécimo sentado, que fue entonces picado: "¡Ay!", dijo. "¿Qué, Opresión?", le fue dicho. "¿Quién os picó?", dijo el decimotercero sentado que fue entonces picado. "¡Ay!". "¿Qué. Gavilán de Sangre?", le dijo Opresión. "¿Quién os picó?", dijo el decimocuarto sentado que fue entonces picado. "¡Ay!". "¿Quién os picó. Garras Sangrientas?", le dijo Dientes Sangrientos. Así fueron nombrados sus nombres; todos se nombraron el uno al otro; así, manifestaron sus rostros ; al nombrar sus nombres, siendo nombrado cada uno de los capitanes por el otro; el nombre de uno, sentado en el rincón, fue dicho. No hubo ninguno cuyo nombre se omitiera. Se acabó de nombrar todos sus nombres cuando fueron picados por el pelo de la faz de la rodilla de Maestro Mago; en realidad no era un mosquito quien les había picado, quien había ido a escuchar todos sus nombres para Maestro Mago, Brujito. En seguida, éstos caminaron, llegaron adonde estaban los de Xibalbá. "Saludad a los jefes", se les dijo; "ésos sentados", les dijo un tentador. "Ésos no son los jefes, sino un maniquí, un muñeco de madera", dijeron ellos avanzando. Entonces saludaron: "Salud, Supremo Muerto. Salud, Principal Muerto. Salud, Extiende Tullido. Salud. Reúne Sangre. Salud, El del Absceso. Salud El de la Ictericia. Salud, Varilla de Huesos. Salud, Varilla de Cráneos. Salud. Gavilán de Sangre. Salud, Dientes Sangrientos. Salud. Garras Sangrientas", dijeron al avanzar. De todos descubrieron los rostros, nombraron todos sus nombres; no hubo ni un nombre omitido. Los Xibalbá hubieran querido que sus nombres no fuesen descubiertos por ellos. "Sentaos", les dijeron, deseando que se pusiesen sobre un banco, pero los engendrados no quisieron. "Ése no es nuestro banco sino un banco de piedra quemante" dijeron, invictos. Maestro Mago. Brujito. "Muy bien. Id a vuestra morada", se les dijo. Entonces invictos, entraron en la Mansión Tenebrosa.

É
sa era la primera prueba de Xibalbá. Entonces, en el espíritu de Xibalbá, desde la entrada comenzaban su derrota. Primeramente entraron en la Mansión Tenebrosa. Se fue en seguida a darles sus pinos encendidos; entonces fue entregado a cada uno su tabaco por los mensajeros de Supremo Muerto. "El jefe dice: "He aquí los pinos. Al alba

devolverán sus pinos y sus tabacos; los devolverán intactos"; así dice el jefe", dijeron al llegar los mensajeros. "Muy bien", se respondió. En realidad ellos no encendieron sus pinos, sino que pusieron en su lugar algo rojo; fue una cola de guacamayo lo que vieron, semejante a pinos encendidos, los veladores. Pusieron sobre su tabaco solamente bestezuelas de fuego . Alumbraron con aquello una noche. "Están vencidos", dijeron los veladores. Pero sus pinos no estaban acabados, tenían el mismo aspecto, y su tabaco, que no habían encendido, la misma forma; fuese a darlos a los jefes. "¿Cómo han hecho? ¿De dónde vienen esos Varones? ¿Quién los llevó, quién los engendró? Verdaderamente nuestro corazón arde por esto. No está bien lo que nos hacen. Extraños son sus rostros, extraños sus seres", se dijeron entre sí. Entonces todos los jefes los hicieron llamar: "Vamos, juguemos a la pelota , oh engendrados", dijeron. Entonces Supremo Muerto, Principal Muerto, los interrogaron: "Oh vosotros, ¿de dónde venís? Contádnoslo todo, oh engendrados", les dijeron los Xibalbá. "¿De dónde venimos? No sabemos", respondieron ellos sin responder nada más. "Bien. Lancemos pues nuestra pelota, oh engendrados", les dijeron los Xibalbá. Ellos respondieron: "Bien. No usarnos sino nuestra pelota, la de nosotros". Los Xibalbá dijeron: "No usaréis la de vosotros, sino la de nosotros". Los engendrados dijeron: "No es ésa, es la nuestra la que usaremos". "Muy bien", dijeron los Xibalbá. Los engendrados dijeron: "Id solamente por un Chil". Los Xibalbá dijeron: "No, sino una cabeza de puma". "Está dicho", dijeron los engendrados. "No", dijeron los Xibalbá. "Muy bien", dijo Maestro Mago. Cuando el juego fue comenzado por los Xibalbá, éstos enviaron la pelota ante el anillo de Maestro Mago. En seguida, mientras que los Xibalbá miraban su lanzamiento de juego, la pelota se lanzó, se fue botando por todas partes en el suelo del juego de pelota. "¿Qué, pues?", dijeron Maestro Mago, Brujito. "Queréis pues que muramos. ¿No habéis enviado a decir que viniésemos aquí? ¿Vuestros mensajeros no vinieron? En verdad, tened piedad de nuestros rostros. Pero nos vamos", dijeron los engendrados. He aquí lo que Xibalbá deseaba para los engendrados: que muriesen pronto en el juego de pelota, que fuesen vencidos. No fue así, sino que los Xibalbá fueron vencidos por los engendrados. "No partáis, oh engendrados. Juguemos a la pelota; admitimos la vuestra", se les dijo a los engendrados. "Muy bien", respondieron éstos y después lanzaron su pelota. Entonces cesó el juego de pelota. En seguida apreciaron sus derrotas. "¿Cómo los venceremos?", dijeron los Xibalbá. "Partid pues en seguida", se les dijo a los engendrados. "Cogednos cuatro jarrones de flores", dijeron los Xibalbá. "Perfectamente. ¿Cuáles flores?", dijeron a los Xibalbá los engendrados. "Un ramo de rojas Crotalarias , un ramo de blancas Crotalarias, un ramo de amarillas Crotalarias, un ramo de Grandes Peces ". dijeron los Xibalbá. "Muy bien", respondieron los engendrados. Entonces descendieron las flechas que los guardaban; todas iguales en fuerza; numerosas las flechas que guardaban a aquellos engendrados; pero buenos los corazones de éstos cuando se dieron a aquellos que debían vencer a los engendrados. Los Xibalbá se regocijaban ya de que éstos serían vencidos. "Obramos bien. Desde luego serán vencidos", decían los Xibalbá. "¿Adonde iréis a coger las flores?", decían en su pensamiento. "En verdad esta noche nos daréis las flores. Venceremos ahora", dijeron los Xibalbá a los engendrados Maestro Mago, Brujito. "Muy bien". "Esta noche jugaremos también a la pelota", dijeron despidiéndose de ellos. Cuando los engendrados entraron después en la Mansión de Obsidiana, la segunda prueba de Xibalbá, los jefes habían ordenado que fuesen atravesados de parte a parte por las flechas; que esto sucediera prontamente estaba en sus corazones: que muriesen estaba en sus corazones;

pero no murieron. Los engendrados hablaron entonces a las flechas, les mandaron entonces: "He aquí. Para vosotros serán todas las carnes de animales", dijeron a las flechas; éstas no se movieron ya más, todas las flechas se inclinaron. Estuvieron ellos así toda la noche en la Mansión de Obsidiana. En seguida llamaron a todas las hormigas. "Hormigas-Obsidianas. Hormigas Zampopos venid, id todas, id a tomar todas las clases de flores que pidieron los jefes". "Muy bien", respondieron ellas. Todas las hormigas fueron a coger las flores del jardín de Supremo Muerto. Ya éstos habían ordenado a los Vigilantes de las flores de Xibalbá: "Oh vosotros que vigiláis nuestras flores, no las dejéis robar por esos engendrados a los que venceremos. ¿Adonde irían ellos a ver en otra parte las flores que les hemos ordenado? No hay. Velad esta noche". "Muy bien", respondieron. Pero los vigilantes del jardín no oyeron a las Hormigas. En vano gritaban entre las ramas de los árboles del jardín, con los mismos cantos y palabras: "Se ha entrado en lo negro, se ha entrado en lo negro", decía el uno cantando. "Sobremos montes, sobre los montes", decía el otro cantando. Sobre los Montes, nombre de los dos Vigilantes del jardín de Supremo Muerto, Principal Muerto. Pero no supieron que las hormigas robaban lo que ellos guardaban. Iban por filas, cortando los arriates de flores, caminando con aquellas flores que llevaban con sus pinzas, sobre los árboles, aquellas flores olorosas, bajo los árboles. Sin embargo, los Vigilantes gritaban a voz en cuello, sin saber que unas pinzas aserraban sus colas, aserraban sus alas. Era una cosecha de flores la que cortaban las pinzas, de perfumes, la que transportaban las pinzas. Apresuradamente se llenaron los cuatro jarrones de flores y estaban llenos al alba. Los mensajeros fueron en seguida a llamarlos: "Que vengan, dice el jefe, que traigan inmediatamente aquello de que hemos hablado", dijeron a los engendrados. "Muy bien", dijeron éstos. Tenían los cuatro jarrones llenos de flores, cuando se presentaron ante los rostros del jefe, de los jefes; éstos tomaron las flores, agradables de ver. Así fue vencido Xibalbá. Los engendrados no habían enviado sino hormigas. En una sola noche, las hormigas habían cogido las flores, las habían dado | a los engendrados en los jarrones. Entonces todos los Xibalbá palidecieron; a causa de aquellas flores sus rostros emblanquecieron. Al instante enviaron a buscar a los Vigilantes de las flores. "¿Por qué dejasteis robar nuestras flores? ¡He aquí que vemos aquí nuestras flores!", dijeron a los Vigilantes. "Nosotros no supimos nada, oh jefes. Nuestras colas sufrieron", respondieron ellos. Entonces se laceraron sus bocas, en pago del robo de lo que vigilaban. Así Supremo Muerto, Principal Muerto, fueron vencidos por Maestro Mago. Brujito; éste fue el comienzo de sus acciones. Desde entonces los "Se ha entrado en lo negro" tienen la boca hendida; ahora está hendida. Después de esto se descendió a jugar a la pelota. Todos juntos pelotearon. Entonces se previnieron para el alba; así dijo Xibalbá. "Muy bien", respondieron finalmente los engendrados.

Entraron en seguida en la Mansión del Frío . Incalculable el frío. Denso el granizo menudo en la Mansión, casa del frío. El frío cesó prontamente por la Magia de los nietos, el frío fue destruido por los engendrados. No murieron; vivían al alba; Xibalbá deseaba sin embargo que muriesen, pero esto no sucedió y buenos estaban sus rostros cuando llegó el alba. Salieron cuando sus vigilantes fueron a llamarlos. "¡Como! ¡No han muerto!", dijo el gobierno de Xibalbá, maravillándose de las acciones de los engendrados Maestro Mago, Brujito. Entraron después en la Mansión de los Jaguares. Muchos jaguares en la casa: "No nos mordáis, somos de los vuestros", dijeron a los jaguares. Arrojaron en seguida huesos ante los animales, quienes inmediatamente pulverizaron los huesos. "Al fin, ya están pues acabados, sus corazones son comidos, al fin se han entregado; he aquí que son molidos sus huesos", decían los veladores, regocijándose todos en sus corazones. Pero ellos no habían muerto; de nuevo buenos estaban sus rostros. Salieron de la Mansión de los Jaguares. "¿De qué naturaleza son? ¿De dónde vienen?", dijeron todos los Xibalbá. Entraron después en el fuego, en una Mansión de Fuego. Solamente fuego en el interior. No fueron quemados por él, aunque asase, aunque ardiese. También estaban buenos sus rostros cuando vino el alba. Sin embargo, mucho se deseaba que muriesen allá por donde pasaban todavía; esto no sucedió, y por eso desfalleció el corazón de Xibalbá. Entraron después en la Mansión de los Murciélagos. Solamente murciélagos en la mansión, una Mansión de los Murciélagos de la Muerte, grandes animales que tenían el mismo aparato mortal que Punta Victoriosa, acabando al instante a aquellos que llegaban ante sus fauces. Estuvieron allá adentro, pero durmieron en sus cerbatanas; no fueron mordidos por los dientes que estaban en la Mansión. Se entregaron en seguida, pero a un Murciélago de la Muerte que vino del cielo a manifestarles lo qué debían hacer. Los murciélagos se interrogaron, celebraron consejo una noche, aleteando. "Brujo Abatido, Brujo Abatido", decían lo dijeron una noche: cesaron sin embargo un poco. Los murciélagos no se balancearon ya más, permanecieron en una punta de las cerbatanas. Brujito dijo entonces a Maestro Mago: "El alba blanquea. Mira", "Quizás blanquea. Voy a mirar", respondió. Cuando quiso mirar desde la boca de la cerbatana, cuando quiso, ver salir el alba, al instante su cabeza fue cortada por Murciélago de la Muerte , y la grandeza de Maestro Mago permaneció débil. Brujito preguntó de nuevo: "¿No alborea?", pero Maestro Mago no se volvió. "¿Habrá partido Maestro Mago? ¿Cómo hiciste eso?". Pero Maestro Mago no se volvía, estaba solamente extendido allí. Entonces Brujito tuvo vergüenza. "¡Ay! vencidos estamos", dijo. En seguida colocóse la cabeza del Maestro Mago en el juego de pelota, cumpliendo la palabra do Supremo Muerto, Principal Muerto. Todo Xibalbá se regocijó a causa de la cabeza de Maestro Mago.

Después Brujito llamó a todos los animales, puerco-espines, cerdos, todos los animales pequeños, los animales grandes, durante la noche, y la misma noche les preguntó lo que comían. "¿Cuál es vuestro alimento de cada uno? He aquí que os he llamado para que vayáis a tomar vuestro alimento", les dijo Brujito. "Muy bien", respondieron. Entonces fueron a tomar el suyo, entonces todos fueron a elegir. Hubo quienes fueron a tomar lo podrido, hubo quienes fueron a tomar la hierba, hubo quienes fueron a tomar la piedra, hubo quienes fueron a tomar la tierra. Diverso? los alimentos de los pequeño? animales, de los grandes animales. Detrás de los oíros quedaba la Tortuga acorazada: fue a tomar su parte zigzagueando, llegó al extremo del cuerpo, y se puso en el lugar de la cabeza de Maestro Mago; al instante se esculpieron los huesos de la faz . Numerosos sabios vinieron del cielo. Los Espíritus del Cielo, los mismos Maestros Gigantes, vinieron a cernerse, vinieron encima de la Mansión de los Murciélagos. Aunque la cabeza de Maestro Mago no se terminó en seguida, estuvo bien hecha, apareció con una bella cabellera y también habló. Y ahora he aquí que quiso hacerse de día que enrojeció, se coloreó el mundo, que se abrió el día. "¿El Opossum va a existir?". "Si", respondió el Abuelo. Entonces abrió sus piernas; después hubo de nuevo obscuridad; cuatro veces el Abuelo abrió sus piernas. "He aquí que se abre el Opossum". dicen ahora los hombres. Cuando él iluminó, entonces comenzó la existencia. "¿La cabeza de Maestro Mago está bien así?", se dijo. "Bien", fue respondido. Así se hizo el molde de la cabeza, y aquello fue verdaderamente semejante a una cabeza. En seguida tomaron sus decisiones, se recomendaron no jugar a la pelota. "No arriesgues más que tú." "Obraré solo", respondió Brujito. Ordenó en seguida a un Conejo. "Ve a ponerte encima del juego de pelota, y estáte sobre el reborde", fue dicho al conejo por Brujito. "Cuando la pelota llegue a ti, vete; yo obraré en seguida", dijo al conejo mandándole de noche. Ya venía el alba y buenos estaban los rostros de los dos engendrados. Se descendió entonces a pelotear allá adonde estaba suspendida la cabeza de Maestro Mago, encima del juego de pelota. "Somos vencedores. A vosotros es dada mucha vergüenza; vosotros os habéis entregado"; fue dicho. Entonces se gritó a Maestro Mago: "Arranca tu cabeza de la pelota", así se le dijo, pero él no sufría con sus injurias. Y he aquí que los jefes de Xibalbá lanzaron la pelota; Brujito fue en contra; la pelota se detuvo erguida ante el anillo y salió al instante. La pelota pasó rápidamente por encima del juego de pelota, y de un bote, se detuvo en el reborde. Entonces salió el Conejo quien se fue brincando, pero al instante fue perseguido por los Xibalbá quienes corrieron tumultuosamente, quienes chillaron detrás del conejo; bien pronto todo Xibalbá acabó por ir tras el conejo. Al instante Brujito cogió la cabeza de Maestro Mago y la puso en lugar de la tortuga: después fue a poner a la tortuga encima del juego de pelota. En verdad, aquella cabeza era la cabeza de Maestro Mago, lo que les regocijó a los dos. He aquí que los Xibalbá buscaban la pelota; habiendo cogido después la pelota en el reborde, gritaron: "Venid. He aquí la pelota; la hemos atrapado": así dijeron trayéndola. Entonces vinieron los Xibalbá. "¿Qué vimos?", dijeron al recomenzar a pelotear, Y se peloteó con igualdad, haciéndose puntos de los dos lados. La tortuga fue en seguida golpeada por Brujito; la tortuga cayó en el juego de pelota, se desparramó, habiendo estallado como una vasija de barro ante sus rostros. "¿Quién de vosotros irá a cogerla? ¿Dónde está el que la cogerá?", dijeron los Xibalbá. Así, pues, fueron vencidos los jefes de Xibalbá por Maestro Mago, Brujito. Grandes fueron los sufrimientos de éstos pero no murieron de todo lo que se les hizo.

He aquí ahora el recuerdo de la muerte de Maestro Mago, Brujito; he aquí que contaremos el recuerdo de su muerte. Habían sido advertidos de los tormentos que se les hicieron, de los sufrimientos que se les hicieron, sin morir en las pruebas de Xibalbá, sin ser vencidos por todos los animales mordedores que había en Xibalbá. Llamaron en seguida a dos augures, semejantes a videntes, llamados Adivino. Descubridor, unos sabios. Si fuereis interrogados por los jefes de Xibalbá acerca de nuestra muerte que ellos meditan y que ellos preparan, acerca de por qué todavía no estamos muertos, por qué no fuimos vencidos, no fuimos perdidos, en sus pruebas, decidles que es solamente porque los animales no entraron en acuerdo con ellos. En nuestro espíritu sabemos que una piedra quemante será el instrumento de nuestra muerte. Todos los Xibalbá se reúnen para esto. Pero en realidad no moriremos. He aquí que os decimos vuestros consejos. Si para ellos se os interrogara acerca de nuestra muerte, cuando seamos cortados, ¿qué diréis vosotros, oh Adivino, oh Descubridor? Si se os dice: «Si esparciésemos sus huesos en el barranco, ¿estaría bien?» Vosotros diréis: «Así revivirán sus rostros». Si se os dice: «Colgarlos de los árboles, ¿estaría bien?» Vosotros diréis: «No estaría bien, pues volveríais a ver sus rostros». Si por tercera vez, se os dice: «¿Estaría bien que esparciésemos sus huesos en el río?», si eso os es dicho por ellos, «Así es como morirán. Después será bueno moler en la piedra sus huesos como es molida en harina la mazorca seca de maíz; que cada uno sea molido; los esparciréis en seguida en el río allá en donde cae la fuente, a fin de que se vayan a las montañas pequeñas, a las montañas grandes», les responderéis, repitiendo las órdenes que os damos", dijeron Joven Maestro Mago. Brujito. Ellos ordenaban, sabiendo que morirían. He aquí que se hizo una gran piedra quemante semejante a un asador; Xibalbá la hizo y puso en ellas muchas ramas grandes. Los mensajeros llegaron en seguida para acompañarlos, los mensajeros de Supremo Muerto, Principal Muerto. "Que se venga. Vamos con los engendrados. Que se venga a ver que vamos a asarlos, dice el jefe, oh engendrados", fue dicho. "Muy bien", respondieron. Caminaron apresuradamente. Llegaron junto al horno semisubterráneo . Quísose que soportasen burlas. "Tomemos pues aquí nuestras bebidas fermentadas, y que cuatro veces cada uno de nosotros extienda los brazos, oh engendrados", fue dicho por Supremo Muerto. "No os burléis así de nosotros. ¿No sabemos que moriremos, oh jefes?", respondieron ellos. Abrazándose rostro con rostro, alargaron sus brazos y fueron a extenderse boca abajo los dos, sobre el horno semisubterráneo, y después murieron los dos. En seguida todos los Xibalbá se regocijaron, por sus silbidos, por sus ruidos. "Al fin verdaderamente somos vencedores; no es prontamente como ellos se han dado", dijeron. Finalmente, llamaron a Adivino, Descubridor, a quienes los engendrados habían dejado sus órdenes. Así, se les preguntó adonde debían ir los huesos, y, cuando hubieron adivinado, los Xibalbá molieron los huesos, fueron a esparcirlos en el río; pero los huesos no fueron lejos y descendieron a instante al fondo del agua, en donde se volvieron unos bellos adolescentes, de los cuales en verdad se manifestaron de nuevo los rostros.

A l quinto día se mostraron, pues, de nuevo, y fueron vistos en el agua por los hombres. Semejantes a dos Hombres-Peces aparecieron. Entonces sus rostros fueron vistos por los Xibalbá, y fueron buscados en las aguas. Al día siguiente se mostraron dos pobres, de lastimosos rostros, de lastimoso aspecto; unos lamentables vestidos eran sus trajes; sin adorno sus rostros. Entonces fueron vistos por los Xibalbá. Hicieron poco, pero danzaron el Búho, danzaron la Comadreja, el Armadillo, danzaron el Ciempiés y los Zancos. Hacían muchas maravillas. Quemaban las casas como si realmente hubieran ardido, y después al instante renacían. Numerosos Xibalbá asistieron a ese espectáculo. En seguida se sacrificaban, uno de ellos matando al otro, y después el primer matado se tendía" muerto, pero inmediatamente su rostro revivía. Los Xibalbá asistían al espectáculo de todo lo que ellos hacían. Hacían el comienzo de su triunfo sobre Xibalbá. En seguida el relato de sus danzas llegó a las orejas de los jefes Supremo Muerto, Principal Muerto, los cuales dijeron al escucharlo: "¿Esos dos pobres son verdaderamente tan divertidos?" "Verdaderamente bello es lo que danzan y todo lo que hacen", respondió el que había contado a los jefes lo que se ha dicho. Tentados por lo divertido de lo que escuchaban, éstos enviaron a los bailarines sus mensajeros. "Que vengan para que asistamos a lo que hacen, que nos maravillemos, que asistamos al espectáculo", les fue dicho a los mensajeros. "Decidles eso", les dijeron a los mensajeros. Éstos, al llegar junto a los bailarines, les dijeron las palabras de los jefes. "No, no queremos, pues verdaderamente tendríamos vergüenza. ¿No tendríamos vergüenza de subir a la mansión de los jefes, a causa de nuestras feas caras, de nuestros grandísimos ojos de pobres? ¿No se ha visto que solamente danzamos? ¿Qué dirían nuestros compañeros de miseria que están allí deseando también participar en nuestras danzas y en ellas vivificar sus rostros? No obraremos así con los jefes. No queremos, pues, oh mensajeros", dijeron Maestro Mago. Brujito. Excusándose, doliente el rostro, fueron, enfadados, atormentados, sin querer ir de prisa, y numerosas veces los mensajeros los trataron con violencia, los golpearon, para llevarlos ante los jefes. Llegaron así ante los jefes, se humillaron, bajaron sus rostros al entrar, se humillaron, se inclinaron, presentando un aspecto lastimoso al entrar, unos verdaderos rostros de pobres. Entonces se les interrogó sobre sus comarcas, sus tribus; se les interrogó sobre sus madres, sus padres. "¿De quiénes venís?", se les dijo. "No sabemos, oh jefes. No conocimos los rostros de nuestras madres, nuestros padres; éramos pequeños cuando murieron", respondieron, sin hablar más. "Muy bien. Hacednos admiraros; lo que queráis; os daremos vuestro pago", se les dijo. "No queremos nada. En verdad tenemos miedo", respondieron a los jefes. "No tengáis miedo ni vergüenza. Danzad ahora. Ejecutad primero la danza en la que os sacrificáis. Quemad mi casa. Haced todo lo que sabéis. Que veamos todo lo que hacéis, es lo que nuestros corazones desean. Partiréis en seguida, oh pobres, y os daremos vuestro pago", se les dijo. Cuando ellos comenzaron sus cantos, sus danzas, todos los Xibalbá vinieron a extenderse para asistir a todo. Al instante danzaron. Danzaron la Comadreja, danzaron el Búho, danzaron el Armadillo. El jefe les dijo: "Sacrificad a este perro mío, y después que por vosotros reviva su faz" . Así les dijo. "Sea", respondieron. Sacrificaron al perro, y después revivificaron su faz; en verdad el perro se regocijó cuando revivió su faz, hizo danzar su cola cuando revivió su faz. En seguida el jefe les dijo: "Ahora quemad mi casa"; así les dijo. Entonces quemaron la casa del jefe; todos los jefes estaban tendidos en la mansión sin arder. Inmediatamente después volvieron buena la casa; un instante solamente había sido destruida la casa de Supremo Muerto. Todos los jefes estaban maravillados, se regocijaban mucho de la danza. Entonces les fue dicho por el jefe: "Ahora matad a un hombre, sacrificadle, sin que muera"; así les fue dicho. "Muy bien", respondieron. Entonces asieron a un hombre, ¡o sacrificaron, arrancaron el corazón de aquel hombre y, elevándolo, lo pusieron ante los jefes. Supremo Muerto. Principal Muerto, se asombraron, pero inmediatamente después revivió por los bailarines el rostro de aquel hombre: su corazón se regocijó grandemente cuando revivió su rostro. Los jefes se maravillaron: "Ahora sacrificaos vosotros mismos; nuestro corazón desea realmente ver eso, esa danza vuestra", les dijeron los jefes. "Muy bien, oh jefes", les fue respondido. Se sacrificaron en seguida el uno al otro. He aquí que Joven Maestro Mago fue sacrificado por Brujito; sucesivamente fueron desprendidas sus piernas, sus brazos; su cabeza fue separada y llevada lejos; su corazón, arrancado, fue colocado ante todos los jefes de Xibalbá. quienes giraban embriagados. Asistían a esto: Brujito, danzando. "Levántate", dijo él en seguida, y revivificó el rostro de su hermano. Se regocijaron grandemente. Lo mismo se regocijaron los jefes, pues lo que se hacía regocijaba los corazones de Supremo Muerto, principal Muerto, quienes lo sentían como si hubiesen danzado ellos mismos. En fin, en el ardiente deseo, la curiosidad, de los corazones de los jefes por la danza de Maestro Mago, Brujito estas palabras fueron dichas por Supremo Muerto. Principal Muerto: "Haced lo mismo con nosotros, sacrificadnos"; así dijeron Supremo Muerto, Principal Muerto, a Joven Maestro Mago, Brujito. "Muy bien. Vuestros corazones revivirán. ¿La muerte existe para vosotros? Debemos regocijarnos, oh jefes, de vuestros hijos, de vuestros engendrados", fue respondido a los jefes. He aquí que sacrificaron primero al jefe supremo llamado Supremo Muerto, jefe de Xibalbá. Habiendo muerto Supremo Muerto, se apoderaron de Principal Muerto y lo inmolaron sin hacer revivir su rostro. Entonces viendo a sus jefes muertos, abiertos, los Xibalbá huyeron. En un instante estaban abiertos, de dos en dos en castigo a sus rostros. En un instante sucedía la muerte de un jefe, pero no se revivificaba su rostro. He aquí que un jefe se humilló, se presentó ante los bailarines, sin haber sido encontrado, sin haber sido alcanzado. "Tened piedad de mi rostro", dijo cuando se le reconoció. Todos sus hijos, su prole, fueron a un gran barranco, llenando de un solo bloque el gran abismo. Allí estaban amontonados cuando innumerables hormigas se mostraron, vinieron a expulsarlos del barranco . Conducidos entonces por el camino, al llegar se humillaron, se entregaron todos; se humillaron al presentarse. Así fue vencido el gobierno de Xibalbá; sólo los prodigios de los engendrados, sólo sus metamorfosis, hicieron esto.

En seguida dijeron sus nombres, se exaltaron a la faz de todo Xibalbá. "Escuchad nuestros nombres. Os diremos también los nombres de nuestros padres. Henos aquí nosotros: Joven Maestro Mago. Brujito, son nuestros nombres. He aquí a nuestros padres, que vosotros matasteis: Supremo Maestro Mago, Principal Maestro Mago, son sus nombres. Henos aquí los vengadores de los tormentos, de los dolores, de nuestros padres. Nosotros sufrimos también todos los males que les infligisteis. Por tanto os acabaremos. Nosotros, nosotros os mataremos sin que os salvéis", fue dicho. En seguida todo Xibalbá se prosternó, gimiendo. "Tened piedad de nuestros rostros, oh Maestro Mago, Brujito. En verdad, pecamos contra vuestros padres a los que nombráis y que están enterrados en el Juego de Pelota de los Sacrificios", dijo Xibalbá. "Muy bien. He aquí nuestra Palabra que decimos sobre vosotros. Escuchad todos, oh Xibalbá. Puesto que ya no es grande vuestra gloria, puesto que vuestra potencia ya no existe, y aunque sin gran derecho a la piedad, vuestra sangre dominará todavía un poco, pero no vuestra sangre de Drago en el juego de pelota . No tendréis más que tejas, marmitas, cacharros, el desgranamiento del maíz . Vuestro juego de pelota no será más que el hijo de las hierbas, el hijo del desierto. Todos los hijos del alba, la prole del alba, no serán de vosotros; sólo los grandes habladores se abandonarán a vosotros. Los del Mal, Los de la Guerra, Los de la Tristeza, Los de la Miseria, vosotros que hicisteis el mal, lloradle. Ya no se agarrará a todos los hombres súbitamente como vosotros lo hacíais. Tened cuidado con la pelota del Drago"; así fue dicho a todos los Xibalbá. Éste fue en seguida el comienzo de su pérdida, de su destrucción, así como de su invocación. En otro tiempo su gloria no era grande, pero ellos deseaban la guerra a los hombres. Fueron realmente dioses antaño; pero sus espantosos rostros eran malvados. Los de la Enemistad. Los de los Búhos, no excitaban más que al mal, más que a ¡a guerra. Así, eran disimulados de corazón, negros - blancos envidiosos, opresores, se decía. También se pintaban los rostros, se frotaban con colores. Su grandeza, su potencia, fueron perdidas: su dominación ya no fue grande. Esto fue hecho por Joven Maestro Mago, Brujito. Sin embargo, la abuela de éstos gemía, lloraba ante las cañas que ellos habían plantado. Aquellas cañas habían echado yemas, y después se habían secado; las cañas habían echado yernas de nuevo después de que los engendrados habían sido quemados en el borne semisubterráneo. Entonces, en memoria de ellos, la abuela encendió, quemó copal ante las cañas. El corazón de la abuela se regocijó cuando las cañas echaron yemas por segunda vez. Entonces éstas fueron divinizadas por la abuela quien las llamó Centro de la Mansión, Centro: tal fue su nombre: Cañas Vivas en Tierra Allanada se volvió su nombre. He aquí que se les llamó Centro de la Mansión. Centro, porque aquellas cañas habían sido plantadas en el centro de lo casa. Ella llamó Tierra Allanada, Cañas Vivas en Tierra Allanada, a las cañas que los engendrados habían plantado. He aquí que fueron llamadas Cañas Vivas aquellas cañas, porque habían echado yemas; ese nombre le fue dado por Antigua Ocultadora a lo que Maestro Mago. Brujo, habían dejado plantado a su abuela en recuerdo de ellas. He aquí primeramente a sus padres que habían muerto en otro tiempo: Supremo Maestro Mago, Principal Maestro Mago. Los engendrados vieron también allá en Xibalbá los rostros de sus padres; los padres hablaron a sus Sustitutos, quienes habían vencido a Xibalbá. He aquí, pues, los funerales de sus padres hechos por ellos. Se hicieron los funerales de Principal Maestro Mago, se fue a hacer los funerales al Juego de Pelota de los Sacrificios. Para ello se quiso hacer su rostro ; se buscó, pues, allá su nombre , todo, su boca, su nariz, sus huesos, su rostro. Se consiguió primero su nombre, sin apenas más; él no quiso decir más que eso, sin pronunciar el nombre de los Maestros Magos; su boca no quiso decir más que eso. He aquí además que ensalzaron el espíritu de sus padres a los que dejaban en el Juego de Pelota de los Sacrificios. "Sed invocados en adelante", les dijeron los engendrados a fin de reposar sus corazones. "Los primeros iréis, los primeros también seréis glorificados por los hijos del alba, la prole del alba. Vuestro nombre no se perderá. Que así sea", dijeron a sus padres, a fin de reposar sus espíritus. "Somos los vengadores de vuestra muerte, de los tormentos que se os hizo sufrir". Así se ordenaron a los que ellos habían vencido, a todo Xibalbá. Se elevaron en seguida por aquí, en medio de la luz; subieron de repente a los cielos. Y el uno fue el sol, el otro la luna, e iluminaron la bóveda del cielo, la faz de la tierra. Habitan en los cielos. Entonces también subieron a los cielos los cuatrocientos jóvenes matados por Sabio Pez-Tierra. He aquí que éstos los acompañaron a los cielos y en ellos se volvieron estrellas.

He aquí el comienzo de cuándo se celebró consejo acerca del hombre, de cuándo se buscó lo que entraría en la carne del hombre . Los llamados Procreadores, Engendradores, Constructores, Formadores. Dominadores poderosos del Cielo, hablaron así: "Ya el alba se esparce, la construcción se acaba. He aquí que se vuelve visible el sostén, el nutridor el hijo del alba, el engendrado del alba. He aquí que se ve al hombre, a la humanidad, en la superficie de la tierra", así dijeron. Se congregaron, llegaron, vinieron a celebrar consejo en las tinieblas, en la noche. Entonces aquí buscaron, discutieron, meditaron, deliberaron. Así vinieron, a celebrar Consejo sobre la aparición del alba: consiguieron, encontraron, lo que debía entrar en la carne del hombre. Ahora bien, poco faltaba para que se manifestasen el sol, la luna, las estrellas; encima, los Constructores, los Formadores. En Casas sobre Pirámides, en Mansión de los Peces, así llamadas, nacían las mazorcas amarillas, las mazorcas blancas. He aquí los nombres de los animales que trajeron el alimento: Zorro. Coyote, Cotorra. Cuervo, los cuatro animales anunciadores de la noticia de las mazorcas amarillas, de las mazorcas blancas nacidas en Casas sobre Pirámides, y del camino de Casas sobre Pirámides. He aquí que se conseguía al fin la sustancia que debía entrar en la carne del hombre construido, del hombre formado: esto fue su sangre: esto se volvió la sangre del hombre: esta mazorca entró en fin en el hombre por los Procreadores, los Engendradores. Se regocijaron, pues, de haber llegado al país excelente, lleno de cosas sabrosas; muchas mazorcas amarillas, mazorcas blancas; mucho cacao moneda, cacao fino; innumerables los zapotillos rojos, las anonas, las frutas, los frijoles Paternoster, los zapotes matasanos, la miel silvestre ; plenitud de exquisitos alimentos había en aquella ciudad llamada Casas sobre Pirámides cerca de la Mansión de los Peces. Subsistencias de todas clases, pequeñas subsistencias, grandes subsistencias, pequeñas sementeras, grandes sementeras, de todo esto fue enseñado el camino por los animales. Entonces fueron molidos el maíz amarillo, el maíz blanco, y Antigua Ocultadora hizo nueve bebidas. El alimento se introdujo en la carne, hizo nacer la gordura, la grasa, se volvió la esencia de los brazos, del los músculos del hombre. Así hicieron los Procreadores, los Engendradores, los Dominadores, los Poderosos del Cielo, como se dice. Inmediatamente fue pronunciada la Palabra de Construcción, de Formación de nuestras primeras madres, primeros padres; solamente mazorcas amarillas, mazorcas blancas, entró en su carne: única alimentación de las piernas, de los brazos del hombre. Tales fueron nuestros primeros padres, tales fueron los cuatro hombres construidos: ese único alimento entró en su carne.

He aquí los nombres de los primeros hombres que fueron construidos, que fueron formados. He aquí el primer hombre: Brujo del Envoltorio; el segundo: Brujo Nocturno; después, el tercero: Guarda-Botín; y el cuarto: Brujo Lunar. Tales eran los nombres de nuestras primeras madres, primeros padres. Solamente construidos, solamente formados; no tuvieron madres, no tuvieron padres; nosotros les llamamos simplemente Varones. Sin la mujer fueron procreados, sin la mujer fueron engendrados, por Los de lo Construido, Los de lo Formado, los Procreadores, los Engendradores. Solamente por Poder Mágico, solamente por Ciencia Mágica, fue su construcción, su formación, por los Constructores, los Formadores, los Procreadores, los Engendradores, los Dominadores, los Poderosos del Cielo. Entonces tuvieron apariencia humana, y hombres fueron; hablaron, dijeron, vieron, oyeron, anduvieron, asieron: hombres buenos, hermosos; su apariencia; rostros de Varones. La memoria fue, existió. Vieron; al instante su mirada se elevó. Todo lo vieron, conocieron todo el mundo entero; cuando miraban, en el mismo instante su vista miraba alrededor, lo veía todo, en la bóveda del cielo, en la superficie de la tierra. Veían todo lo escondido sin antes moverse. Cuando miraban el mundo veían, igualmente, todo lo que existe en él. Numerosos eran sus conocimientos. Su pensamiento iba más allá de ¡a madera, la piedra, los lagos, los mares, los montes, los valles. En verdad, hombres a los que se les debía amar: Brujo del Envoltorio, Brujo Nocturno, Guarda-Botín, Brujo Lunar. Fueron entonces interrogados por Los de la Construcción, Los de la Formación. "¿Qué pensáis de vuestro ser? ¿No veis? ¿No oís? Vuestro lenguaje, vuestro andar, ¿no son buenos? Mirad pues y ved el inundo, si no aparecen los montes, los valles: ved para instruiros", se les dijo. Vieron en seguida el mundo entero, y después dieron gracias a los Constructores, a Los Formadores. "Verdaderamente dos veces gracias, tres veces gracias. Nacimos, tuvimos una boca, tuvimos una cara, hablamos, oímos, meditamos, nos movemos: bien sabemos, conocemos lejos, cerca. Vemos lo grande, lo pequeño, en el cielo, en la tierra. ¡Gracias damos a vosotros! Nacimos, oh Los de lo Construido, Los de lo Formado: existimos, oh abuela nuestra, oh abuelo nuestro", dijeron, dando gracias de su construcción, de su formación. Acabaron de conocerlo todo, de mirar a las cuatro esquinas, a los cuatro ángulos, en el cielo, en la tierra. Los de lo Construido. Los de lo Formado, no escucharon esto con placer. "No está bien lo que dicen nuestros construidos, nuestros formados. Lo conocen todo, lo grande, lo pequeño", dijeron. Por lo tanto, celebraron consejo

Los Procreadores, los Engendrados. "¿Cómo obraremos ahora para con ellos? ¡Que sus miradas no lleguen sino a poca distancia! ¡Que no vean más que un poco la faz de la tierra! ¡No está bien lo que dicen. ¿No se llaman solamente Construidos, Formados? Serán como dioses, si no engendran, si no se propagan, cuando se haga la germinación, cuando exista el alba; solos, no se multiplican. Que eso sea. Solamente deshagamos un poco lo que quisimos que fuesen: no está bien lo que decimos, ¿Se igualarían a aquellos que los han hecho, a aquellos cuya ciencia se extiende a lo lejos, a aquellos que todo lo ven?", fue dicho por los Espíritus del Cielo, Maestro Gigante Relámpago, Huella del Relámpago, Esplendor del Relámpago, Dominadores. Poderosos del Cielo. Procreadores. Engendradores. Antiguo Secreto, Antigua Ocultadora, Constructora, Formadores. Así hablaron cuando rehicieron el ser de su construcción, de su formación. Entonces fueron petrificados ojos de los cuatro por los Espíritus del cielo, lo que los veló como el aliento sobre la faz de un espejo; los ojos se turbaron; no vieron más que lo próximo, esto sólo fue claro. Así fue perdida la Sabiduría y toda la Ciencia de los cuatro hombres, su principio, su comienzo. Así primeramente fueron construidos, fueron formados, nuestros abuelos, nuestros padres, por los Espíritus del Cielo, los Espíritus de la Tierra. Entonces existieron también sus esposas, vivieron sus mujeres. Los dioses celebraron consejo. Así, durante su sueño, los cuatro recibieron mujeres verdaderamente bellas, quienes existieron con Brujo del Envoltorio, Brujo Nocturno. Guarda-Botín, Brujo Lunar. Cuando se despertaron, sus mujeres existieron: sus corazones se regocijaron al instante a causa de sus esposas.

He aquí los nombres de sus mujeres: La de la Blanca Mansión del Mar, nombre de la mujer de Brujo del Envoltorio; La de la Mansión de los Bogavantes, nombre de la mujer de Brujo Nocturno; La de la Mansión de los Colibríes, nombre de la mujer de Guarda-Botín: La de la Mansión de los Guacamayos, nombre de la mujer de Brujo Lunar. Tales son los nombres de sus mujeres: éstas fueron jefes. Ellos engendraron a los hombres, a las tribus pequeñas, a las tribus grandes. Ellos fueron; nuestro tronco, de nosotros los hombres quichés. Numerosos fueron también Los de las Espinas, Los del Sacrificio, quienes no fueron más que cuatro pero esos cuatro solos fueron nuestros padres, de nosotros los quichés. Diversos ¡son los nombres de cada uno de los que ellos engendraron allá lejos, en el Este. De sus nombres vinieron los de los hombres de Tepeu , Oloman, Cohah , Quenech, Ahau, como se llamaban estos hombres allá lejos, en Oriente, donde ellos engendraron. Se sabe también el comienzo de los de Tam , de los de Iloc. Juntos vinieron de allá, lejos, del Este. Brujo del Envoltorio, abuelo, padre de las nueve Grandes Mansiones, de los Cavek. Brujo Nocturno, abuelo, padre de las nueve Grandes Mansiones de los Niha. Guarda-Botín, abuelo, padre de las cuatro Grandes Mansiones de los Ahau-Quiché. Tres fracciones de pueblos fueron. No están perdidos los nombres de sus abuelos, sus padres, quienes engendraron, se desarrollaron allá lejos, en Oriente. Vinieron también los Tam, los Iloc, con las trece ramas de tribus, las trece Aglomeraciones, con los Rabinal, los Cackchiquel, los de

Tziquinaha; después los Zacaha; en seguida los Lamak, Cumatz, Tuhalha, Unabaha, Los de Chumilaha, con Los de Quiba-ha, Los de Batenaba-ha, los Hombres de Acul, Balami-ha, los Canchahel, los Balam-Col. Solamente son las grandes tribus, las ramas de tribus, las que decimos: no contamos más que a las grandes. Muchas otras completaban la población en cada fracción de la ciudad; no hemos escrito sus nombres, sino solamente los de las engendradas allá lejos, en Oriente. Muchos hombres fueron; en la obscuridad se multiplicaron; cuando se multiplicaron, el día, el alba, no habían sido dados a luz; todos juntos existían; importantes eran sus seres, sus renombres, allá lejos, en Oriente. No eran sostenes, nutridores, pero hacia el cielo erguían sus rostros. No sabían lo que habían venido a hacer tan lejos. Allá existían numerosos hombres de las tinieblas, hombres del alba. Numerosos eran los rostros de los hombres, numerosos los lenguajes de los hombres; dos solamente sus orejas . "Hay linajes en el mundo, hay regiones, en las que no se ve el rostro de los hombres; estos no tienen casas, sino que recorren, como locos, las montañas pequeñas, las montañas grandes", decíase entonces, ultrajando a los hombres de aquellos países. Así dijeron ellos allá lejos, cuando vieron levantarse el sol. Todos no tenían entonces más que una lengua; no invocaban a la madera, a la piedra; en ellos subsistía el recuerdo de la Palabra de Construcción, de Formación, de Los Espíritus del Cielo, de los Espíritus de la Tierra. Hablaban meditando sobre lo que ocultaba el alba; preguntaban cómo ejecutar la Palabra de amor, aquellos amantes, aquellos obedientes, aquellos respetuosos; erguían después sus rostros hacia el cielo, pidiéndole sus hijas, sus hijos. "¡Salve, oh Constructores, oh Formadores! Vosotros véis, vosotros escucháis. Vosotros. No nos abandonéis, no nos dejéis, oh dioses, en el cielo, en la tierra, Espíritus del Cielo, Espíritus de la Tierra. Dadnos nuestra descendencia, nuestra posteridad, mientras haya días, mientras haya albas. Que la germinación se haga, que el alba se haga. Que numerosos sean los verdes caminos, las verdes sendas que nos dais. Que tranquilas, muy tranquilas, estén las tribus. Que perfectas, muy perfectas, sean las tribus. Que perfecta sea la vida, la existencia que nos dais, oh Maestro Gigante Relámpago, Huella del Relámpago, Esplendor del Relámpago. Huella del Muy Sabio, Esplendor del Muy Sabio , Gavilán, Maestros Magos, Dominadores, Poderosos del Cielo, Procreadores, Engendradores, Antiguo Secreto, Antigua Ocultadora, Abuela del Día, Abuela del Alba. Que la germinación se haga, que el alba se haga". Así hablaban cuando miraban, cuando invocaban la vuelta del alba, allá en donde el sol se levanta, contemplando a Luna-Sol gran estrella que antes de la salida del sol ilumina en el cielo, sobre la tierra, el camino de los hombres construidos, de los hombres formados.

Brujo del Envoltorio, Brujo Nocturno. Guarda-Botín, Brujo Lunar, dijeron: "Esperemos que nazca el alba". Así dijeron aquellos grandes Sabios. Los de las Espinas, aquellos obedientes, como se les llama. No había ni madera ni piedra para guardar a nuestras primeras madres, nuestros primeros padres. Sin embargo, sus corazones se cansaban de esperar el día. Numerosas eran ya todas las tribus, con los hombres Yaqui . Los de las

Espinas. Los del Sacrificio. "Vamos a buscar, vamos a ver, adonde guardar nuestros signos: si tenemos esto podremos encender fuego ante ellos. Desde hace largo tiempo que estamos aquí no hay guardianes para nosotros". Así dijeron Brujo del Envoltorio. Brujo Nocturno, Guarda-Botín. Brujo Lunar. Oyeron hablar de una ciudad, y partieron. He aquí los nombres de los lugares adonde fueron Brujo del Envoltorio. Brujo Nocturno, Guarda-Botín, Brujo Lunar, con los Tam, los Iloc. Lugar de la Abundancia-Barranco-Siete Grutas-Siete Barrancos, es el nombre de la ciudad adonde fueron a tomar dioses. Todos llegaron allá lejos, a Lugar de la Abundancia; innumerables eran los hombres que llegaron: numerosos los que entraron en orden. Se les entregaron sus dioses. Los primeros, fueron los de Brujo del Envoltorio. Brujo Nocturno, Guarda-Botín, Brujo Lunar, quienes se regocijaron. "He aquí que hemos encontrado al fin lo que se buscaba" dijeron. He aquí el primero que salió: Pluvioso, nombre del dios. Se suspendió su cesta que se amarró Brujo del Envoltorio. En seguida salió Sembrador, nombre del dios que descendió Brujo Nocturno. En seguida Volcán nombre del dios que recibió Guarda-Botín. Centro de la Llanura, nombre del dios que recibió Brujo Lunar. En compañía de los hombres Queché, los de Tam recibieron: igualmente. Pluvioso de los Tam es el nombre del dios que recibió el abuelo, el padre, de los jefes de los Tam que conocemos ahora. En fin de Iloc el tercero: Pluvioso fue también el nombre del dios que recibieron los abuelos, los padres de los jefes que conocemos ahora. Tales son los nombres de los tres Quichés; no se separaron, pues único era el nombre del dios: Pluvioso entre los Quichés. Pluvioso entre los Tam. Pluvioso entre los Iloc: único era el nombre del dios, y estos tres Quichés no se separaron. Verdaderamente grande era la naturaleza de aquellos tres: Pluvioso. Sembrador. Volcán. Entonces entraron todas las tribus, los Rabinal, los Cakchequel, los de Tziquinaha, con los hombres llamados ahora Yaquí. Allí se cambió el lenguaje de las tribus, se diversificó la lengua. Ya no se entendieron claramente las unas a las otras cuando vinieron de Lugar de la Abundancia: allá se separaron: hubo algunas que fueron al Este: muchas vinieron aquí. Solamente unas pieles eran sus vestidos: no tenían telas perfectas para hacer vestidos, sino que las pieles de las bestias eran su atavío. Aquellos pobres no tenían suyo más que su naturaleza de hombres Sabios. Cuando llegaron a Lugar de la Abundancia-Barranco-Siete Grutas-Siete-Barrancos, dícese en el relato de antaño, habían andado mucho para llegar a Lugar de la Abundancia.

No había fuego. Solos estaban allá los de Pluvioso. Éste era el dios de las tribus. El primero, él hizo nacer el fuego; este nacimiento no se muestra, pues el fuego llameaba ya cuando lo vieron Brujo del Envoltorio, Brujo Nocturno. "¡Ay! ya no hay nuestro fuego que había sido hecho; nos morimos de frío", dijeron en seguida. Entonces Pluvioso respondió: "No os aflijáis. Vuestro es el fuego perdido del cual habláis"; así les respondió Pluvioso. "Verdaderamente, oh dios, oh sostén nuestro, oh nutridor nuestro, oh dios nuestro", dijeron, dándole gracias. Pluvioso habló. "Muy bien. En verdad, yo, vuestro dios; que así sea. Yo vuestro jefe; que así sea", fue dicho por Pluvioso a Los de las Espinas. Los del

Sacrificio. He aquí que las tribus se calentaban, se regocijaban a causa del fuego. Entonces comenzó un gran aguacero, allá adonde brillaba el fuego de las tribus; mucho granizo menudo cayó sobre la cabeza de todas las tribus; entonces el fuego fue apagado por el granizo; no hubo ya fuego hecho. Entonces Brujo del Envoltorio, Brujo Nocturno, pidieron otra vez su fuego. "Oh Pluvioso, en verdad morimos de frío", dijeron a Pluvioso. "¡Bien! No os aflijáis", dijo Pluvioso. En seguida produjo fuego sacando fuego por fricción de sus sandalias. Entonces Brujo del Envoltorio. Brujo Nocturno. Guarda-Botín, Brujo Lunar, se regocijaron y después se calentaron. He aquí que, también se había apagado el fuego de las tribus; éstas se morían de frío; entonces fueron a pedir fuego a Brujo del Envoltorio, Brujo Nocturno, Guarda Botín. Brujo Lunar. Intolerables eran sus sufrimientos por el frío, la helada; solamente se caían de frío, se entumecían; ninguna vida en ellas; se debilitaban; sus piernas, sus brazos, se torcían; no podían asir nada cuando llegaron. "No nos avergoncéis si os pedimos que nos deis un poco de vuestro fuego", dijeron al llegar. No se fue a su encuentro; entonces en sus corazones gimieron las tribus. Diferente del suyo era el lenguaje de Brujo del Envoltorio, Brujo Nocturno, Guarda-Botín, Brujo Lunar. "¡Ay! ¡Oh! Abandonamos nuestra lengua. ¿Cómo hicimos? Nos hemos perdido. ¿En dónde nos engañamos? Único era nuestro lenguaje cuando vinimos de Lugar de la Abundancia; única nuestra manera de sostener el culto, nuestra manera de vivir. No está bien lo que hicimos", repitieron todas las tribus, bajo los árboles, bajo los bejucos. Entonces un hombre se mostró a la faz de Brujo del Envoltorio, Brujo Nocturno. Guarda-Botín, Brujo Lunar. Aquel mensajero de Xibalbá les dijo: "En verdad, he aquí a vuestro dios, he aquí a vuestro sostén, he aquí al sustituto, al recuerdo, de vuestros Constructores, de vuestros Formadores. No deis su fuego a las tribus hasta que éstas den a Pluvioso, vuestro jefe, lo que ellas deben daros, Preguntad pues a Pluvioso lo que ellas deben darle para coger fuego"; así dijo aquel Xibalbá. Su ser era como el ser de un murciélago. "Yo soy el mensajero de vuestros Constructores, de vuestros Formadores", añadió el Xibalbá. Entonces ellos se regocijaron; en su espíritu crecieron Pluvioso, Sembrador. Volcán, cuando habló aquel Xibalbá. De súbito éste se borró de delante de sus rostros, sin irse. Entonces llegaron las tribus que perecían de frío: mucho granizo, obscuridad, lluvia, helada; incalculable el frío. Ahora, pues, todas las tribus se encontraron tembló rosas, tartamudeantes de frío, al llegar allá adonde estaban Brujo del Envoltorio. Brujo Nocturno. Guarda-Botín. Brujo Lunar. Grande era la aflicción de sus corazones: tristes estaban sus bocas, tristes sus rostros. En seguida las tribus llegaron en secreto ante los rostros de Brujo del Envoltorio. Brujo Nocturno. Guarda Botín, Brujo Lunar. "¿No tendréis piedad de nuestros rostros, de nosotros que no os pedimos más que un poco de vuestro fuego? ¿No se ha encontrado una sola casa para nosotros, un solo país para nosotros , cuando fuisteis construidos, cuando fuisteis formados? Tened piedad de nuestros rostros", dijeron. "¿Qué nos daréis para que tengamos piedad de vuestros rostros?", fue dicho. "Pues bien, os daremos metales preciosos", respondieron las tribus. "No queremos metales preciosos", dijeron Brujo del Envoltorio. Brujo Nocturno. "¿Qué queréis?" "Pronto os lo pediremos". "Bien", respondieron las tribus. "Vamos a preguntárselo a Pluvioso, y después os lo diremos", se les respondió. "Oh Pluvioso ¿qué darán las tribus que vienen a pedir tu fuego?", dijeron entonces Brujo del Envoltorio. Brujo Nocturno. Guarda-Botín, Brujo Lunar. "Pues bien, ¿querrán ellas estar unidas a mí bajo su horcajadura bajo su axila? ¿Quieren sus corazones que yo las abrace, yo. Pluvioso? Si ellas no lo quieren, no les daré fuego" dijo Pluvioso. "Decídselo poco a poco. "Yo no quiero desde ahora su unión bajo su horcajadura, bajo su axila", dijo él, diréis". Así fue dicho a Brujo del Envoltorio, Brujo Nocturno. Guarda-Botín. Brujo Lunar. Entonces ellos dijeron la Palabra de Pluvioso. "Muy bien. Bien está, igualmente, que lo abracemos", respondieron las tribus cuando oyeron, recibieron, la Palabra de Pluvioso. No tardaron. "Muy aprisa", dijeron: entonces recibieron el fuego, y después se calentaron.

Sin embargo, una fracción de las tribus sacó por fricción el fuego de la madera. Serpiente de la Fertilidad de la Mansión de los Murciélagos, era el nombre del dios de los Cackchequel: su imagen: solamente un murciélago. Cuando obtuvieron la madera friccionable la frotaron todos juntos hasta que el fuego hubo prendido. Los Cakchequel no pidieron luego, no se dieron por sometidos. Todas las demás tribus se sometieron cuando dieron la parte inferior de su horcajadura, la parte inferior de su axila, para ser abierta; ésa era la abertura de la cual había hablado Pluvioso; entonces se sacrificó a todas las tribus ante su rostro, entonces se arrancó el corazón por la horcajadura, por la axila. No se había enseñado aún esta: operación antes de que lo fuese por un oráculo de Pluvioso. Murieron por la fuerza, por la dominación de Brujo del Envoltorio. Brujo Nocturno. Guarda-Botín. Brujo Lunar. De Lugar de la Abundancia-Barranco había venido la costumbre de no comer . Guardaban ayuno perpetuo; pero observaban el alba, espiaban la salida del sol, se alternaban para ver la gran estrella llamada Luna-Sol, la primera antes del sol cuando nace el día. La magnífica Luna-Sol estaba siempre encima de sus rostros al salir el sol, cuando estaban en el llamado Lugar de la Abundancia-Barranco, de don le vinieron los dioses. No fue, pues, aquí en donde recibieron su fuerza, su poder; sino allá fue en donde se dobló, se humilló a las tribus grandes, a las tribus pequeñas, cuando se las sacrificó ante Pluvioso, cuando se le dio a éste la sangre, la savia, la horcajadura, la axila, de todos aquellos hombres. Por eso en Lugar de la Abundancia les llegaron la fuerza, la gran ciencia, que hubo en ellos, en la obscuridad, en la noche, y que hubo también en lo que ellos hicieron. Vinieron pues, se desprendieron de allá adonde dejaron el sol levante. "No es aquí nuestra casa. Vamos a ver adonde la plantaremos", dijo entonces Pluvioso. En verdad, habló a Brujo del Envoltorio, Brujo Nocturno, Guarda-Botín. Brujo Lunar. "Ante todo dad gracias. En seguida sangrad vuestras orejas, picad vuestros codos, sacrificaos; tal será vuestra acción de gracias a la faz de los dioses". "Muy bien", respondieron, sangrándose las orejas. En seguida comenzaron su canto de su venida de Lugar de la Abundancia; sus corazones lloraron cuando vinieron, cuando se desterraron de Lugar de la Abundancia, abandonándolo. "¡Ah! No veremos aquí el alba, el nacimiento del día, cuando se alumbre la superficie de la tierra", dijeron. Partieron, pero dejaron gente en el camino; hubo hombres dejados allá dormidos. Cada tribu se levantaba siempre para ver la estrella señal del día. Esta señal del alba estaba en sus corazones cuando vinieron del Oriente, y con rostro igual fueron a una gran distancia de allí, se nos dice ahora.

Entonces llegaron a la cima de una montaña. Allí se reunieron todos los hombres Queche con las tribus. Allí se reunieron, se consultaron, y el nombre de la montaña es ahora De la Consulta; tal es el nombre de la montaña. Se congregaron en ella para gloriarse. "Yo, yo hombre Queche". "Tú, tú, Tam es tu nombre", díjose a los Tam. Se dijo despúes a los Iloc: "Tú Iloc es tu nombre". "Estas tres fracciones Queche no se perderán, y nuestras Palabras serán iguales", dijeron al aplicarse sus nombres. Entonces se les puso nombre también a los Cackchequel: "Fuego salido de la madera" es su nombre. Los Rabinal tuvieron también su nombre, no perdido ahora . También estaban Los de Tziquina-ha, nombre actual. Tales son los nombres con los cuales se llamaron unos a otros. Allí se congregaron, esperando el alba, acechando la salida de la estrella, la primera antes de que nazca el día. "De allá lejos vinimos, pero nos separamos", se decían entre sí. He aquí que sus corazones estaban afligidos; grandes eran sus sufrimientos allá por donde pasaban; no había comestibles, no había subsistencias; olían solamente el tronco de sus bastones para imaginarse que comían, pues al venir no comieron. Su pasaje por mar no aparece; pasaron como si no hubiera habido mar, solamente sobre piedras pasaron, y aquellas piedras sobresalían en la arena. Entonces llamaron Piedras Arregladas-Arenas Arrancadas, nombre dado por ellos, al sitio por donde pasaron en el mar, habiéndose separado el agua allá por donde pasaron. He aquí que estando afligidos sus corazones, se consultaron entre sí, pues no había para alimento más que un bocado, un poco de maíz. Estaban amontonados allí en la montaña llamada De la Consulta. Llevaban también a Pluvioso. Sembrador. Volcán. Brujo del Envoltorio y su esposa llamada La de la Blanca Mansión del Mar hicieron un gran ayuno. Lo mismo hicieron Brujo Nocturno y su esposa La de la Mansión de los Bogavantes. Y Guarda-Botín y su esposa, La de la Mansión de los Colibríes, hicieron un gran ayuno. Lo mismo hicieron Brujo Lunar y su esposa La de la Mansión de los Guacamayos. Fueron ayunos en la obscuridad, en la noche. Grande era su tristeza cuando estaban en la montaña ahora llamada De la Consulta, en donde los dioses les hablaron otra vez.

Entonces fue dicho por Pluvioso. Sembrador. Volcán, a Brujo del Envoltorio. Brujo Nocturno. Guarda-Botín. Brujo Lunar: "Vamonos, levantémonos, no nos quedemos aquí: llevadnos a un escondrijo. Ya se esparce el alba. ¿No estarían tristes vuestros rostros si fuésemos cogidos por los guerreros en sus muros a causa de vosotros, oh Los de las Espinas. Los de Sacrificio? Llevadnos a cada uno separadamente: así les dijeron cuando les hablaron. "Muy bien. Solamente nos desprendemos de aquí, solamente buscamos las selvas", fue respondido por todos. En seguida cada uno de ellos cargó con su dios. Entonces se colocó a Sembrador en el barranco llamado Barranco del Escondrijo. así llamado por ellos, en el gran barranco de la selva llamada ahora "Con Sembrador" , en donde lo dejaron: fue dejado en el barranco por Brujo Nocturno. Orden del abandono: el primero dejado fue Volcán, sobre una gran Mansión Roja llamada ahora Volcán: allí existió también su ciudad en donde estaba el dios llamado Volcán. Guarda-Botín quedóse con su dios, el segundo dios que fue ocultado por ellos; Volcán no fue escondido en la selva sino en la montaña deshierbada Volcán . Entonces fue después Brujo del Envoltorio; llegó a una gran selva: Brujo del Envoltorio fue a esconder a Pluvioso: se llama ahora con el nombre de "Con Pluvioso" la montaña; entonces celebróse el escondrijo del barranco, el abrigo secreto de Pluvioso: muchas serpientes y muchos jaguares, víboras, serpientes cantíes, había allí en donde fue escondido por Los de las Espinas, Los del Sacrificio. Juntos estaban Brujo del Envoltorio, Brujo Nocturno, Guarda-Botín, Brujo Lunar. Juntos esperaban el alba en el monte llamado Volcán. No muy lejos estaban los dioses de Tam y de Iloc. Burgo de Tam, nombre del lugar en donde estaba el dios de los Tam; allí fue su alba. Burgo de Uquincat, nombre del sitio en donde fue el alba de los Iloc; no muy lejos del monte estaba el dios de los Iloc. Allí, todos los Rabinal, los Cakchequel, Los de Tziquina-ha, todas las tribus pequeñas, las tribus grandes, se habían detenido juntas; juntas tuvieron su alba; juntas esperaron la salida de la gran estrella llamada Luna-Sol que sale la primera antes del día al alba, se decía. Juntos estaban allí Brujo del Envoltorio, Brujo Nocturno, Guarda-Botín, Brujo Lunar; no tenían ni sueño ni reposo. Grandes eran los gemidos de sus corazones, de sus vientres, por el alba, la claridad. Allí también sus rostros tuvieron vergüenza; vino una gran aflicción, una gran angustia; fueron abatidos por el dolor. Allí habían llegado. "Sin alegría vinimos, ¡ay! Queríamos ver nacer el día. ¿Cómo hicimos? Único era nuestro rostro en nuestro país de donde nos hemos arrancado", decían cuando hablaban entre sí en la tristeza, en la angustia, en el sollozar de la voz. Sin aliviar sus corazones hablaban hasta el alba. "He aquí a los dioses sentados en los barrancos, en las selvas, sentados en los Ek, en los Atziak , en donde están sin que se les hayan dado cajas", decían. Ante todo, Pluvioso, Sembrador, Volcán. Grande es su gloria, grandes son también su potencia, su pensamiento, sobre todos los dioses de las tribus. Importante es su Sabiduría, importantes son sus peregrinaciones, sus victorias en el frío, en el espanto de su ser, en el espíritu de las tribus. Su pensamiento reposaba a causa de Brujo del Envoltorio, Brujo Nocturno. Guarda-Botín, Brujo Lunar. No había ningún cansancio en sus corazones por los dioses de los cuales se encargaron al venir de Lugar de la Abundancia-Barranco, allá lejos, en Oriente. Estaban pues allí, en la selva. "He aquí el alba En Lluvioso, En Sembrador, En Volcán", se dice ahora. He aquí que fueron hechos jefes, que tuvieron el alba, nuestros abuelos, nuestros padres. Contaremos el alba, la aparición del sol, de la luna, de las estrellas.

He aquí, pues, el alba, la aparición del sol de la luna, de las estrellas. Brujo del Envoltorio, Brujo Nocturno, Guarda-Botín, Brujo Lunar, se regocijaron mucho cuando vieron a Luna-Sol; primero salió ella; con la faz iluminada, salió primero ella, antes que el sol. Desenrollaron en seguida sus copales, venidos de allá lejos, del Oriente, pues servirse de ellos en seguida estaba en su espíritu. Los tres desenrollaron lo que ofrecían sus corazones. Copal de Mixtán, nombre del copal que llevaba Brujo del Envoltorio. Copal de Caviztán, nombre del copal que llevaba Brujo Nocturno. Divino Copal se llamaba el que llevaba Guarda-Botín. Estos tres eran sus copales; esto es lo que quemaron cuando llegaron danzando, allá en Oriente. Agradables fueron sus gritos cuando danzaron quemando copales preciosos. En seguida gimieron de no ver, de no contemplar, el nacimiento del día. Después, cuando salió el sol, los animales pequeños, los animales grandes, se regocijaron; acabaron de levantarse en los caminos de las aguas, en los barrancos; se pusieron en las puntas de los montes, juntos sus rostros hacia donde sale el día. Allí rugieron el puma, el jaguar. El pájaro llamado Queletzú cantó el primero. En verdad todos los animales se regocijaron. El águila, el zopilote blanco, los pájaros pequeños, los pájaros grandes, aletearon. Ahora bien, Los de las Espinas, Los del Sacrificio, se habían arrodillado, se regocijaban grandemente con Los de las Espinas, Los del Sacrificio, de los Tam, de los Iloc, y de los Rabinal, de los Cakchequel, de Los de Tziquinaha, y de los de Tuhalha, Uchabah, Quibah, Los de Batenha, y de los Yaquí Dominadores; tantas tribus como ahora. Innumerables eran los hombres. El alba efectuóse sobre todas las tribus juntas. La faz de la tierra fue en seguida secada por el sol. Semejante a un hombre era el sol cuando se mostró. Su faz ardiente secó la faz de la tierra. Antes de que saliera el sol, cenagosa, húmeda, era la superficie de la tierra, antes de que saliera el sol. Enteramente parecido a un hombre salió el sol; sin fuerza era su calor; solamente se mostró cuando nació; no permaneció sino como un espejo. "No es realmente el sol que se nos aparece ahora", dicen en sus historias. Inmediatamente después de esto se petrificaron Pluvioso. Sembrador, Volcán, y las divinidades Puma, Jaguar, Víbora, Serpiente Canti, Blanco Entrechocador; sus brazos se engancharon en las ramas de los árboles cuando se mostraron el sol, la luna, las estrellas; por doquiera todos se petrificaron. Quizá no estaríamos ahora desembarazados de la mordedura de los pumas, jaguares, víboras, serpientes cantíes, blancos entrechocadores, quizá ahora estaríamos sin nuestra gloria, si los primeros animales no hubieran sido petrificados por el sol. Cuando sucedió esto, gran alegría hubo en el corazón de Brujo del Envoltorio, Brujo Nocturno. Guarda-Botín, Brujo Lunar; estuvieron muy alegres cuando se efectuó el alba. Los hombres no se habían multiplicado entonces: no eran sino unos pocos cuando estaban en el monte Volcán, en donde se realizó el alba, y en donde quemaron los copales. Allí danzaron, vueltos hacia el Este de donde habían venido; allí estaban sus montañas, sus valles, adonde habían venido los llamados Brujo del Envoltorio. Brujo Nocturno. Guarda-Botín, Brujo Lunar. Pero en la montaña se multiplicaron, ella se volvió su ciudad. Estaban aquí cuando se mostraron el sol, la luna, las estrellas; el alba, la iluminación, existió en la faz de la tierra, del mundo entero. Allí también comenzó su canto llamado Nosotros Vemos, que cantaron, que gimieron sus corazones, sus vientres. En su canto decían: "¡Ay! Perdidos fuimos en Lugar de la Abundancia, nos separamos. Nuestros hermanos mayores, nuestros hermanos menores, quedáronse. Sí, hemos visto el sol, pero ¿en dónde están ellos, cuando he aquí el alba?; así decían a Los de las Espinas, Los del Sacrificio, los hombres Yaquí. De igual modo, Pluvioso era el nombre del dios de los hombres Yaquí, llamado Yolcuat-Quetzalcuat, cuando nos separamos allá lejos, en Lugar de la Abundancia-Barranco. "He aquí de donde salimos, he aquí nuestra parentela, cuando vinimos", se decían unos a otros. Entonces se acordaban de sus hermanos mayores, de sus hermanos menores, de los hombres Yaquí cuya alba se hizo en el lugar llamado ahora México. Una parte de aquellos hombres se quedaron también allá lejos, en Oriente; Tepeu, Oliman, son los nombres del sitio en donde se quedaron, se cuenta. Grande fue la aflicción de sus corazones, allí, en Volcán. Lo mismo hicieron Los de los Tam, Los de los Iloc; parecidamente estaban en la selva, en el poblado llamado Dan; el alba existió sobre Los de las Espinas, Los del Sacrificio, de los Tam, con su dios, también Pluvioso. Único era el nombre del dios de las tres fracciones de los hombres Queche. Lo mismo era el nombre del dios de los Rabinal; poco diferente es este nombre: Suprema Lluvia, así se dice el nombre del dios de los Rabinal: se cuenta también que había unidad con la lengua Queche; pero había diferencia con la lengua de los Cakchequel, pues diferente era el nombre de su dios cuando salieron del lugar de la Abundancia-Barranco. Serpiente que se vuelve Invisible de la Mansión de los Murciélagos, era el nombre del dios; la lengua también es diferente ahora. Hay también los dioses de los cuales los clanes de Ahpo-Zotzil, Ahpo-Xa, así llamados, tomaron sus nombres. Lo mismo que los dioses, la lengua difería cuando se les entregaron los dioses allá lejos, en Lugar de la Abundancia. Cerca de la Piedra varió la lengua cuando vinieron de Lugar de la Abundancia en la obscuridad. Juntas se establecieron y tuvieron su alba todas las tribus; los nombres de los dioses se dieron según el rango de cada fracción. He aquí que ahora contaremos su residencia, su morada, en la montaña en donde estuvieron juntos los cuatro llamados Brujo del Envoltorio, Brujo Nocturno, Guarda-Botín, Brujo Lunar; sus corazones gemían ante Pluvioso, Sembrador. Volcán, quienes por obra de ellos estaban en los Ek, en los Atziak.

He aquí, pues, su decisión, el origen de la colocación de Pluvioso cuando fueron ante Pluvioso. Sembrador. Fueron a verlos, fueron a adorarlos, dieron gracias a sus rostros por el alba. Los dioses resplandecían entre los peñascos, en las selvas, pero su Sabiduría habló cuando Los de las Espinas, Los del Sacrificio, llegaron ante Pluvioso. No fue gran cosa lo que llevaron, lo que quemaron en seguida: solamente resina, solamente resina superfina, con anís silvestre, quemaron ante los dioses. Entonces Pluvioso habló; sólo su Sabiduría existió cuando dio consejo a Los de las Espinas. Los del Sacrificio: él habló, dijo: "Aquí verdaderamente están nuestras montañas, nuestras llanuras. Nosotros somos todavía vuestros. Nuestra gloria, nuestro esplendor, serán grandes para todos los hombres. De vosotros serán todas las tribus. Nosotros somos también vuestros compañeros. Tened cuidado de vuestra ciudad, nosotros os aconsejaremos. No os manifestéis a la faz de las tribus cuando estemos irritados por las palabras de sus bocas, por su existencia. No nos dejéis cazar en la red, sino dadnos los hijos de la hierba de los caminos, los hijos de los matorrales con las hembras de los venados, las hembras de los pájaros. Dadnos un poco de su sangre, tened piedad de nuestros rostros, dejadnos los pelos de los venados, velad porque se descubra a los que se hayan quedado caídos. He aquí unos símbolos, y por consiguiente nuestros substitutos, que manifestaréis ante las tribus. Cuando ellas os digan: "¿En dónde está Pluvioso?", vosotros manifestaréis ante sus rostros nuestros símbolos; no os manifestéis vosotros mismos, tendréis otra cosa que hacer. Grande será vuestro ser. Someteréis a todas las tribus: humillaréis su sangre, su savia, ante nuestros rostros; los que vengan a abrazarnos serán también nuestros". Así dijeron Pluvioso. Sembrador. Volcán. Bajo rostros de engendrados se disimulaban cuando íbase a verlos y a sacrificar ante sus rostros. Entonces comenzó la caza a los hijos de los pájaros, a los hijos de los venados, caza que recibían Los de las Espinas. Los del Sacrificio. Cuando se habían encontrado pájaros, hijos de venados, iban en seguida a derramar la sangre de los venados, de los pájaros, al borde de la piedra de Pluvioso, Sembrador. Habiendo sido bebida la sangre por los dioses, al instante la piedra hablaba cuando llegaban Los de las Espinas, Los del Sacrificio, cuando iban a sacrificar. Así hacían ante los símbolos, quemando resina, quemando anís silvestre, espinas de maguey. Sus símbolos estaban cada uno sobre la montaña en donde habían sido colocados. De día no permanecían en sus casas sino se iban a los montes. He aquí, pues, que no se nutrían más que de hijos de abejas, de hijos de avispas, de hijos de abejorros, para sostenerse; no tenían ni buena alimentación ni buena bebida. Entonces no aparecían los caminos de sus casas, no aparecía el lugar en donde se habían quedado sus esposas.

Numerosas eran las tribus que se habían fundado, cada una reuniéndose, cada una de las fracciones de tribus que iban en tropeles por los caminos, por los caminos que se manifestaban. En cuanto a Brujo del Envoltorio, Brujo Nocturno, Guarda-Botín, Brujo Lunar, no se mostraban allá en donde estaban. Cuando veían pasar tribus por los caminos, gritaban en la punta de los montes; no gritaban sino el grito del coyote, sino el grito del zorro; no hacían sino el grito del puma, del jaguar. Cuando las tribus al caminar vieron aquellos: "Solamente el grito del coyote, solamente el grito del zorro, solamente el grito del puma, solamente el grito del jaguar", dijeron las tribus, como si en el espíritu de: todas las tribus no fueran hombres. Lo que hacían los cuatro no era más que para engañar a las tribus. "Sus corazones desean algo. En verdad lo que hacen nos asusta. Hay deseo en el grito del puma, en el grito del jaguar, quienes gritan cuando ven a hombres que no caminan sino uno o dos . Desean destruirnos". Cuando iban cada día a sus casas con sus esposas, no llevaban más que hijos de abejas, hijos de avispas, hijos de abejorros, que daban a sus esposas. Cada día iban ante Pluvioso, Sembrador, Volcán, y decían en sus corazones: "He aquí a Pluvioso, Sembrador, Volcán. No les damos sino la sangre de los venados, de los pájaros; no pinchamos sino nuestras orejas, nuestros codos. Pedimos nuestra bravura, nuestra valentía a Pluvioso, Sembrador. Volcán. ¿Quién habla de los muertos de las tribus cuando los matamos uno a uno?" Así se decían entre sí cuando iban ante Pluvioso, Sembrador, Volcán. Cuando se pinchaban las orejas, los codos, ante los dioses, enjugaban la sangre y llenaban con ella la escudilla al borde de la piedra. En realidad no era entonces al borde de la piedra adonde venía cada uno de los engendrados. Los de las Espinas, Los del Sacrificio, se regocijaban de aquella sangre sacada de ellos cuando llegaba aquel signo de sus acciones. "Seguid sus huellas; tal es la salvación para vosotros. De allá lejos, de Lugar de la Abundancia, vino, cuando nos trajisteis, la piel llamada Bandas Envolventes, dada con la sangre que nos introdujisteis. Que se froten con sangre ante Pluvioso, Sembrador, Volcán"; así se dijo.

H e aquí que comenzó el rapto de los hombres de las tribus por Brujo del Envoltorio. Brujo Nocturno. Guarda-Botín. Brujo Lunar. En seguida comenzó la matanza de las tribus. No cogían más que a un caminante, que a dos caminantes, sin mostrarse cuando los cogían; en seguida iban a sacrificarlos ante Pluvioso, Sembrador. Después, cuando derramaban la sangre en el camino, arrojaban la cabeza en el camino. Las tribus decían entonces: "el jaguar se los ha comido"; no decían eso sino a causa de las apariencias de huellasde patas de jaguar, de huellas de patas que ellos hacían sin mostrarse. Robaron muchos hombres en las tribus; las tribus no comprendieron sino tardíamente. "¿Son Pluvioso, Sembrador, quienes entran entre nosotros? Sólo ellos sostienen a Los de las Espinas, Los del Sacrificio. ¿En dónde están sus casas? Sisamos esas patas", dijeron entonces todas las tribus. Celebraron consejo unas con otras, y después comenzaron a seguir las huellas del patas de Los de las Espinas. Los del Sacrificio: no eran claras. No vieron más que huellas de patas de venado, de patas de jaguares, no huellas claras: aquellas huellas de patas no eran claras porque eran como huellas de patas invertidas, para extraviarlos. Por esta estratagema la verdadera pista no aparecía. No nacía más que una nube, no nacía más que una lluvia tenebrosa, no nacía más que un lodo, no nacía más que una bruma que las tribus veían ante ellas. Los corazones de los cuatro soportaron la fatiga cuando cazaron en los caminos, pues grande era el ser de Pluvioso, Sembrador, Volcán; se alejaron por la montaña, al lado de las tribus a las que mataban. Asi nació allá el rapto por los brujos cuando cogieron en los caminos a la gente de las tribus para sacrificarla ante Pluvioso. Sembrador, Volcán, quienes salvaron a sus engendrados allá en la montaña. He aquí que Pluvioso. Sembrador, Volcán, parecían tres mancebos caminando, pues su piedra era mágica. Había allí un río. Se bañaban al borde del río, solamente para mostrarse; el río se llamó pues El Baño de Pluvioso; éste fue el nombre del río. A menudo las tribus los vieron; se borraban tan pronto como eran vistos por las tribus. Entonces fue contado que Brujo del Envoltorio, Brujo Nocturno, Guarda-Botín, Brujo Lunar, estaban allí. He aquí que las tribus celebraron consejo acerca de su muerte. Ante todo las tribus quisieron celebrar consejo para la derrota de Pluvioso. Sembrador. Volcán. Todos Los de las Espinas, Los del

Sacrificio dijeron a la faz de las tribus: "Que todos se reúnen, se llamen; que no sea dejada una fracción, dos fracciones". Todas se congregaron, se llamaron, celebraron consejo entonces. Cuando se interrogaron, dijeron: "¿Cómo vencer el proceder de los hombres Cavek Queche, pues acaban con nuestros hijos nuestra prole? No está clara la destrucción de los hombres por ellos. Si debemos acabar a causa de esos raptos, entonces sea. Pero si la potencia de Pluvioso. Sembrador, Volcán, es tan grande, entonces que ese Pluvioso sea nuestro dios: cautivadle. No han terminado ellos su victoria sobre nosotros. ¿No somos muchos hombres en nuestra existencia? Ahora bien, esos Cavek no son tantos en su existencia"; así dijeron cuando se congregaron todos. Una parte de las tribus respondió, diciendo: "¿Quién, pues, los ha visto bañarse cada día en el río? Si son Pluvioso. Sembrador, Volcán, entonces los venceremos primero entonces comenzará la derrota de Los de las Espinas. Los del Sacrificio"; así respondió aquella parte de las tribus cuando habló. "¿Cómo los venceremos?", díjose. "Pues bien, he aquí nuestra victoria sobre ellos. Puesto que parecen mancebos cuando se les ve en el río que dos doncellas vayan allá; que sean adolescentes verdaderamente bellas, muy amables, para que venga su deseo", se respondió: "¡Excelente! Vamos a buscar a dos adolescentes perfectas", dijeron yéndose a buscar a sus hijas. Fueron verdaderamente blancas doncellas. Se les recomendó entonces a aquellas adolescentes: "Oh hijas nuestras, id al río a lavar los vestidos. Si en seguida veis a aquellos tres mancebos, desnudaos ante ellos. Si sus corazones os desean, llamadles. Si os dicen: "¿Iremos con vosotras?", responderéis: "Sí". Si os preguntan: "¿De dónde venís?", ¿De cuáles amos sois hijas?", que entonces les sea dicho: "Somos hijas de jefes", y después: "Venga una prenda de vosotros". Cuando os la hayan dado, si ellos desean vuestros rostros, en verdad, daos a ellos; si entonces no os dais, os mataremos. En seguida nuestro corazón estará bien. Cuando la prenda exista, traedla; será para nuestro espíritu el testimonio de que ellos han ido con vosotras". Así hablaron los jefes cuando dieron sus órdenes a las dos adolescentes. Éstas eran: Deseable, nombre de una doncella; Agradable, nombre de la otra. Estas dos llamadas Deseable. Agradable, fueron afuera, al río, al Baño de Pluvioso, Sembrador, Volcán. Tal fue la decisión de todas las tribus. En seguida las adolescentes fueron, se adornaron, bellas, brillantes. Al ir adonde se bañaba Pluvioso, se adornaron. En seguida lavaron. Cuando fueron, los jefes se regocijaron, a causa de sus hijas que iban. Al llegar al río comenzaron a lavar, se desnudaron, las dos, hicieron ruido, patullando ante las piedras. Entonces aparecieron Pluvioso. Sembrador. Volcán. Llegaron allá, al borde del río, un poco sorprendidos solamente a la vista de las dos adolescentes que lavaban. He aquí que las jóvenes tuvieron vergüenza inmediatamente que llegó Pluvioso. Pero a Pluvioso no le vino deseo de las dos adolescentes. Entonces éstas fueron interrogadas: "¿De dónde venís?", fue dicho a las dos jóvenes; fue dicho: "¿Qué queréis, al venir al borde de nuestro río?" Ellas replicaron: "Fuimos enviadas por los jefes cuando vinimos. "Id a ver los rostros de esos Pluviosos; hablad con ellos", nos dijeron los jefes. "Que venga en seguida una prenda, si verdaderamente visteis sus rostros", nos fue dicho". Así dijeron las dos adolescentes, entregando su mensaje. Ahora bien, las tribus querían que las jóvenes fornicasen con los magos Pluvioso. Pluvioso, Sembrador, Volcán, dijeron, respondiendo a las dos adolescentes llamadas Deseable, Agradable: "¡Bien! La prenda de nuestra conversación con vosotras vendrá. Esperad. Iréis a llevarla a los jefes": así fue dicho. Celebraron en seguida consejo con Los de las Espinas, Los del Sacrificio. Fue dicho a Brujo del Envoltorio, Brujo Nocturno, Guarda-Botín, Brujo Lunar: "Pintad tres vestidos, pintad los signos de nuestro ser ; que éstos lleguen a manos de las tribus, que vayan con esas dos adolescentes que lavaban. Id a dárselos". Así fue dicho a Brujo del Envoltorio, Brujo Nocturno, Guarda-Botín. En seguida estos tres pintaron. Primero Brujo del Envoltorio pintó de los jaguares la imagen, la pintura, en la faz del vestido. En seguida Brujo Nocturno pintó de las águilas, la imagen, la pintura, en la faz del vestido. Guarda-Botín pintó entonces por todas partes abejas, por todas partes avispas; la imagen, la pintura, en la faz del vestido. Los tres terminaron la pintura de las tres piezas de tela que pintaban. Cuando llevaron después a las llamadas Deseable, Agradable, los diversos vestidos, Brujo del Envoltorio, Brujo Nocturno, Guarda-Botín, les dijeron: "He aquí la prenda de nuestra conversación. Id pues ante las jefes. "Pluvioso nos ha hablado realmente", diréis. "He aquí la prenda que "traemos", les diréis. Que se cubran con los vestidos que les daréis". Así hablaron ellos a las adolescentes ordenándoles que se fueran. Ahora bien, los vestidos pintados, llamados Xcucaah, llegaron cuando ellas llegaron. Los jefes se regocijaron cuando vieron las manos de las adolescentes suspendiendo las imágenes. Interrogaron a las jóvenes. "¿Visteis el rostro de Pluvioso?", fue dicho. "Ciertamente, lo vimos", respondieron Deseable, Agradable. "Muy bien. Si es verdad, ¿qué prenda traéis?", dijeron los jefes. En realidad los jefes pensaban que era la señal de su pecado. Entonces los vestidos pintados fueron desenrollados por las adolescentes: por todas partes jaguares, por todas partes águilas, y por todas partes abejas, avispas, era la pintura en los vestidos de faz brillante: apreciaron entonces la faz, se los pusieron. Nada fue hecho por los jaguares colocados primero sobre el jefe. Entonces el jefe se puso el segundo vestido pintado, la pintura de las águilas: el jefe pensó solamente para sí mismo que estaba bien, e iba y venía a la faz de los suyos. Desnudó sus partes secretas a la faz de todos. Entonces el tercer vestido pintado fue colocado sobre el jefe: así las abejas, las avispas de la superficie, fueron puestas sobre él. Inmediatamente su carne fue mordida por las abejas, las avispas. No pudo soportar, no pudo sufrir, la mordedura de aquellos animales: entonces la boca del jefe gritó a causa de los animales de los cuales sólo la imagen estaba pintada en el vestido: la pintura de Guarda-Botín, la tercera pintura. Entonces los jefes fueron vencidos. En seguida las adolescentes Deseable, Agradable, fueron insultadas por los jefes. "¿Qué son esos vestidos que habéis traído? ¿Adonde fuisteis a cogerlos, oh engañadoras?", fue dicho a las jóvenes, injuriándolas a causa de la derrota de todas las tribus por Pluvioso. Ahora bien, esas tribus hubieran querido que Pluvioso fuese a tener placer con aquellas Deseable, Agradable, que ellas fornicasen, y en el espíritu de las tribus, que esto fuese para tentarlo. Pero su derrota no pudo acaecer a causa de aquellos hombres Sabios. Brujo del Envoltorio. Brujo Nocturno. Guarda-Botín.

E ntonces todas las tribus celebraron de nuevo consejo. "¿Cómo los venceremos? Verdaderamente, tal como es su ser es grande", repitieron cuando se reunieron en Consejo. "Pues bien, los atacaremos, los mataremos; nos adornaremos con flechas, con escudos. ¿No somos numerosos? Que ni uno ni dos de nosotros se queden", dijeron también cuando celebraron consejo. Todas las tribus se adornaron. Numerosos eran los matadores cuando para la matanza estuvieron reunidas todas las tribus. Ahora bien. Brujo del Envoltorio. Brujo Nocturno. Guarda-Botín estaban en la cima del monte; Volcán, era el nombre del monte; estaban allí para sus engendrados , allí en la montaña. Sus hombres no eran numerosos, no eran una multitud como la multitud de las tribus: un pequeño número solamente: la cima de la montaña les rodeaba . Sin embargo, entonces fue decidida su destrucción por las tribus cuando todas se reunieron, se congregaron, cuando todas se llamaron. He aquí, pues, que todas las tribus se juntaron, todas adornadas con sus flechas, con sus escudos: innumerables eran los metales preciosos de sus ornamentos: embellecido estaba el aspecto de todos los jefes, los Varones; todos en verdad cumplieron su palabra. "En verdad, todos serán hechos realmente miserables. Ese Pluvioso, ese dios, es al que adoraremos si, solamente, lo hacemos prisionero", se dijeron unas a otras las tribus. Pero Pluvioso sabía, y Brujo del Envoltorio, Brujo Nocturno, Guarda-Botín, sabían; conocían lo que estaba decidido, pues no tenían ni sueño ni reposo desde que se habían preparado los arqueros, los guerreros. En seguida todos aquellos guerreros se levantaron; queriendo en sus corazones atacar nocturnamente, fueron. Pero no llegaron, sino que en camino aquellos guerreros se durmieron, y después fueron vencidos por Brujo del Envoltorio, Brujo Nocturno, Guarda-Botín. Juntos se durmieron en el camino; sin saberlo, todos acabaron por dormirse, en seguida comenzó la depilación de sus cejas, de sus barbas, por los tres; entonces se desprendieron los metales preciosos de sus gargantillas, de sus coronas, de sus collares; no fue sino el asta de sus lanzas a la que se le quitaron los metales preciosos . Para la humillación de sus rostros fue hecha su depilación, señal de la grandeza de los hombres Queche. Habiéndose despertado después, inmediatamente tomaron sus coronas y las astas de sus lanzas: no había ya metales preciosos en las astas y en las coronas. "¿Quién nos lo quitó? ¿Quién nos depiló así? ¿De dónde vinieron a robarnos nuestros metales preciosos?", dijeron todos los guerreros. "¿Serían quizás esos engañadores que roban hombres? ¿No cesarán pronto de espantarnos? Ataquemos su ciudad; así volveremos a ver nuestros metales preciosos; esto es lo que les haremos", dijeron todas las tribus; todas obraron según sus palabras. Ahora bien, en reposo estaban los corazones de Los de las Espinas, Los del Sacrificio, que estaban en la montaña. Así, Brujo del Envoltorio, Brujo Nocturno, Guarda-Botín, habiendo celebrado un gran Consejo, hicieron fortificaciones al borde de su ciudad, no rodeándola más que de tablas, más que de espinos, su ciudad. Hicieron en seguida maniquíes semejantes a hombres; esto fue hecho por ellos; después los alinearon allí, en las fortificaciones; de igual modo estaban allí sus escudos, estaban allí sus flechas, ron los cuales se les adornó; en sus cabezas se les pusieron coronas de metales preciosos; se les pusieron a aquellos simples maniquíes, a aquellos simples muñecos construidos con madera; se les pusieron los metales preciosos que se habían ido a coger a las tribus en el camino y con los cuales los maniquíes fueron adornados por los tres. Éstos cavaron entonces alrededor de la ciudad. Pidieron en seguida consejo a Pluvioso. "¿Moriremos? ¿Seremos vencidos?". Sus corazones recibieron la respuesta ante Pluvioso. "No os aflijáis. He aquí lo que pondréis contra ellos. No os espantéis", fue dicho a Brujo del Envoltorio, Brujo Nocturno, Guarda-Botín.

E ntonces vínose a darles avispas, abejas que fueron a coger para erizar la muralla: llegadas, fueron puestas en cuatro grandes calabazas que fueron colocadas alrededor de la ciudad: se encerraron las abejas, las avispas, en las calabazas, para combatir con ellas a las tribus. La ciudad fue espiada, rodeada de emboscadas, juzgada por los enviados de las tribus. "No son numerosos", dijeron, pero no habían llegado a ver más que los maniquíes, los muñecos construidos con madera, que dulcemente se balanceaban, sosteniendo sus flechas, sus escudos, y parecían verdaderamente hombres, parecían verdaderamente matadores. Cuando las tribus los vieron, todas las tribus se regocijaron de cuán pocos venían. Numerosas eran las tribus existentes. Innumerables eran los hombres, los guerreros, los matadores, para matar a los de Brujo del Envoltorio. Brujo Nocturno. Guarda-Botín que estaban allí en el monte Volcán, nombre, del monte en donde estaban. He aquí que contaremos su llegada. He aquí que allí estaban Brujo del Envoltorio. Brujo Nocturno. Guarda-Botín. Juntos estaban en la montaña con sus esposas, sus hijos, cuando llegaron todos los guerreros, los matadores; no solamente diez y seis mil. ni veinticuatro mil , de entre las tribus. Rodearon a la ciudad; vociferaban, adornados con flechas, con escudos; golpeaban sus escudos, silbaban, aullaban. Vociferaron exclamaciones, silbidos, cuando llegaron al pie de la ciudad. No había en esto nada que pudiera espantar a Los de las Espinas. Los del Sacrificio: fueron simplemente a mirar desde el reborde de las fortificaciones; fueron en orden con sus esposas, sus engendrados. Sus espíritus fueron solamente al encuentro de los actos, de la música, de las palabras de las tribus cuando éstas subieron a la faz del monte: poco faltaba para que acabasen de llegar hasta la entrada de la ciudad cuando se levantaron las cubiertas de las cuatro calabazas que estaban al borde de la ciudad; entonces salieron las abejas, las avispas, saliendo como humo del interior de cada una de las calabazas. Así los guerreron fueron acabados por los animales que se pegaban a sus ojos, que se pegaban a sus narices, a sus bocas, a sus piernas, a sus brazos. "¿Adonde han ido a coger, adonde han ido a reunir, todo lo que hay aquí de abejas, de avispas?" Pegadas así, mordían los ojos; las bestezuelas se abatían furiosas sobre cada uno de los hombres. Embriagados por las abejas, las avispas, sin poder sostener sus flechas, sus escudos, los hombres caían sobre la haz de la tierra. Se tendían al caer ante la montaña. No sintieron que se les traspasaba con flechas, que se les tajaba con el hacha. Brujo del Envoltorio. Brujo Nocturno, no se sirvieron más que de madera podrida ; sus esposas se pusieron a matar. Solamente una parte del enemigo regresó: las tribus se fueron a la carrera. Aquellos a quienes primero se alcanzó fueron acabados, fueron matados: no pocos hombres perecieron: los nuestros no mataron tanto como sus corazones perseguían, porque los animales estuvieron también en contra de ellos No emplearon toda su valentía: sin flechas, sin escudos, mataron. Entonces fueron humilladas todas las tribus. Las tribus se humillaron, pues, ante la faz del Brujo del Envoltorio. Brujo Nocturno. Guarda-Botín. "Tened piedad de nuestros rostros. No nos matéis", dijeron. "Muy bien. Pero debíais morir. Os volveréis, pues, tributarias», mientras haya días, mientras haya albas", fue respondido. Tal fue la derrota de todas las tribus por nuestras primeras madres, nuestros primeros padres; sucedió allá en el monte ahora llamado Volcán. Aquellos primeros antepasados se fijaron, se multiplicaron, hicieron hijas, hicieron hijos, en la cima del Volcán. Se regocijaron cuando vencieron a todas las tribus, derrotadas allá en el monte. Así hicieron: humillaron a las tribus, a todas las tribus. En seguida sus corazones reposaron. Dijeron a sus engendrados que su muerte había estado cercana cuando se había querido matarlos. He aquí que contaremos la muerte de los llamados Brujo del Envoltorio, Brujo Nocturno, Guarda-Botín, Brujo Lunar.

Como ellos sabían que estaba próxima su pérdida, su muerte, dieron órdenes acerca de ella a sus engendrados. Ningún signo de enfermedad. No gimieron, no tuvieron angustia, cuando dejaron su Palabra a sus engendrados. He aquí los nombres de sus engendrados. Brujo del Envoltorio engendró dos hijos: Qo Caib nombre del primer hijo, Qo Cavib nombre del segundo hijo, hijos de Brujo del Envoltorio, abuelos, padres, de los Cavik. He aquí también los dos que engendró Brujo Nocturno, he aquí sus nombres: Qo Acul nombre del primer hijo. Qo Acutec se llamó el segundo hijo, de Brujo Nocturno, abuelos, padres de los de Niha. Guarda-Botín no engendró más que uno, llamado Qo Ahau. Estos tres engendraron. Brujo Lunar no tuvo hijos. En verdad, tales son los nombres de los engendrados de Los de las Espinas, Los del Sacrificio. Entonces éstos les dejaron sus órdenes. Juntos estaban los cuatro. Cantaron en la aflicción de sus corazones; sus corazones gimieron mientras cantaron: "Nosotros Vemos", es el nombre del canto que cantaron cuando hicieron sus recomendaciones a sus engendrados. "Oh hijos nuestros, vamos, nos regresamos; palabras del alba, preceptos del alba, os damos". "Oh esposas nuestras, vosotras vinisteis también de nuestra lejana comarca", dijeron a sus esposas, haciendo recomendaciones a cada una. "Ya está preparado, está manifiesto en el cielo el Símbolo de los Jefes. Nosotros no hacemos más que regresar: hemos cumplido nuestra tarea; nuestros días están acabados. Pensad en nosotros, no nos borréis de vuestra memorial, no nos olvidéis Vosotros veréis vuestra casa, vuestro país. Prosperad. Que así sea. Seguid vuestro camino. Ved de dónde vinimos". Así dijo su Palabra, cuando ellos ordenaron. Y entonces Brujo del Envoltorio dejó el signo de su existencia. "He aquí el recuerdo mío que o? dejo. He aquí vuestra Fuerza. He ordenado, decidido", dijo. Dejó entonces el signo de su existencia, la Fuerza Envuelta, así llamada: su faz no se manifestaba, sino que estaba envuelta; no se la desenrollaba: a costura no aparecía porque se la envolvía sin que fuese visible. Así ordenaron ellos cuando se desvanecieron en la cima de la montaña. No fueron inhumados por sus esposas, sus hijos. Invisible fue su desaparición, su desaparecimiento: visibles sólo sus preceptos. El Envoltorio volvióse preciso para los suyos, para quienes fue el recuerdo de sus padres; inmediatamente quemaron copal ante aquel, para ellos, recuerdo de sus padres. Entonces nacieron hombres de los jefes cuando éstos sucedieron a Brujo del

Envoltorio que había comenzado, abuelo, padre, de los Cavik: pero sus hijos llamados Qo Caib, Qo Cavib, no desaparecieron. Así murieron los cuatro, nuestros primeros abuelos, padres, cuando desaparecieron, cuando dejaron a sus engendrados, allá en el monte Volcán, allá en donde se quedaron sus hijos. Habiendo sido humillados, habiendo sido postrada su gloria, todas las tribus ya no tenían fuerza: no existían todas más que para servir cada día. Los quichés se acordaban de sus padres: grande era para ellos la gloria del Envoltorio; no la desenrollaron, sino que estaba allí en la Envoltura, con ellos. Fue llamada por ellos Fuerza Envuelta, cuando designaron, cuando dieron nombre a su Secreto dejado por sus padres, lo que hicieron en señal de su ser. Tal fue la desaparición, la pérdida, de Brujo del Envoltorio, Brujo Nocturno, Guarda-Botín, Brujo Lunar, los primeros hombres que vinieron del otro lado del mar, del Este. Hacía mucho tiempo que habían venido cuando murieron, ancianos, los llamados Los de las Espinas, Los del Sacrificio.

L os tres hijos primogénitos pensaron después en ir al Oriente, pensaron en las órdenes de sus padres, no las olvidaron. Sus padres habían muerto hacía largo tiempo cuando se les dieron esposas de la tribu, suegros, cuando aquellos tres tornaron mujer. Cuando partieron, dijeron: "Vamos allá adonde el sol se levanta, de donde vinieron nuestros padres", lo dijeron al ponerse en camino. Aquellos tres, los procreados: Qo Caib, nombre de uno de los engendrados de Brujo del Envoltorio. El de todos los Cavik, Qo Acutec, nombre de uno de los engendrados de Brujo Nocturno. El de los Niha. Qo Ahau, nombre del único engendrado de Guarda-Botín, el de los Ahau-Quiché. Tales son los nombres de aquellos que fueron allá lejos, del otro lado del mar; entonces aquellos tres se fueron. Segura era su Sabiduría, era su Ciencia; su ser no era de hombres ordinarios. Dejaron órdenes a sus hermanos mayores, a sus hermanos menores, alegrándose de partir. "No moriremos, regresaremos", dijeron los tres al partir. Ciertamente pasaron por el mar al llegar allá lejos a Oriente, al ir a recibir sus poderes. He aquí el nombre del título del jefe a cuyo país llegaron: el Gobierno de los Orientales. Entonces llegaron ante el jefe Nacxit nombre del gran jefe, supremo Decididor de Palabra, de mucho poder. He aquí que él les dio las insignias del poder, todos sus atributos. Entonces vinieron las insignias de Consejero.

Consejero Lugarteniente; entonces vinieron las insignias de la fuerza del poder de Consejero, Consejero Lugarteniente. Nacxit terminó de darles los atributos del poder. He aquí los nombres: dosel, sitial con respaldo, flauta, tambor cham-cham, piedras negras y amarillas, garras, zarpas de puma, cráneo de jaguar, Búho de orejas de asno, matanza de venado, brazaletes. Conchitas tat, cascabeles, cuna, pañales, caxcon, chiyom, aztapulul, todo lo que trajeron después de haber ido del otro lado del mar a recibir la escritura de Lugar de la Abundancia, los escritos, dícese, de lo que ellos insertaron en su historia. Cuando hubieron llegado, después, a la cima de la ciudad llamada Volcán, todos los Tam, los Iloc se reunieron, todas las tribus se congregaron, se alegraron de la llegada de Qo Caib, Qo Acutec, Qo Ahau, quienes volvieron a tomar allí el poder tribal. Los Rabinal, los Cakchequel, los de

Tziquina-ha, se alegraron. Así aparecieron ante sus rostros las insignias de la grandeza del poder. Grande era también la existencia de las tribus antes de que ellas hubiesen acabado de manifestar su poder. Los tres jefes estaban allí, en Volcán. Con ellos estaban todos aquellos que habían ido al lejano Oriente y que se extendieron por la montaña; todos eran numerosos. Allí murieron las esposas de Brujo del Envoltorio, Brujo Nocturno. Guarda-Botín. "Cuando, después de haber dejado, de haber abandonado su país, vinieron, buscaron otros lugares de donde fijarse, innumerables fueron los lugares en donde se establecieron, designándolos, dándoles nombres. Allí se amontonaron, se reforzaron nuestras primeras madres, nuestros primeros padres", decían antaño los hombres cuando contaban que habían abandonado, dejado su primera ciudad llamada Volcán y que de allí habían llegado a otra ciudad llamada Chi Quix. Se extendieron en cada cuartel de la ciudad, hicieron hijas, hicieron hijos. Allí en donde estuvieron, cuatro colinas llevaban juntas el nombre de la ciudad. Casaron a sus hijas, a sus hijos, pero por sus regalos, solamente para concluir, solamente para acabar, pusieron precio a sus hijas, lo recibieron; así, buena era la existencia que les proporcionaban. Entonces pasaron por cada fracción de la ciudad; he aquí los nombres: Chi Quix, Chi Chac, Humetaha, Culba-Cavinal, nombres de las colinas donde habitaron. He aquí que escogieron las colinas de su ciudad, las colinas inhabitadas, que buscaron, porque todos eran numerosos. Aquellos que habían recibido el poder en Oriente habían muerto; eran viejos cuando llegaron allí, a cada ciudad; cada una de éstas por donde pasaron no poseyó mucho tiempo sus rostros; tuvieron dolores, tormentos, cuando llegaron a las lejanas ciudades, aquellos abuelos, aquellos padres. He aquí el nombre de la ciudad adonde llegaron.

Chi Izmachi es el nombre de la colina en donde estuvo después su ciudad, en donde para siempre estuvieron. Allí creció su fuerza; pulverizaron su cal, su tierra blanca, bajo la cuarta generación de jefes. Decidieron Conacho, Belche Queh, y también el Eminente Jefe. Después gobernaron los jefes Cotuha e Iztayul, nombre del Consejero y del Consejero Lugarteniente; gobernaron allá en Chi Izmachi, que se convirtió en una ciudad perfecta que ellos hicieron. Tres Grandes Mansiones solamente se formaron en Iznachi, las veinticuatro Grandes Mansiones no se formaron todavía. Sus tres Grandes Mansiones se formaron: una, la Gran Mansión de los Cavek; otra, la Gran Mansión ante el" rostro de los Niha; otra también, la de los Ahau-Quiché. Solamente como dos serpientes eran las dos fracciones del pueblo. Ahora bien, en Izmachi su corazón era único; no había alertas, no había dificultades; el gobierno estaba en reposo; no había guerras, revueltas; solamente la calma, solamente la paz, en sus corazones. No había envidia, no había odio; en sus acciones, pequeña era su fuerza; no había nada importante, no había engrandecimiento. Entonces trataron de hacer sobrepujar el escudo, allí en Izmachi, como marca de su potencia; entonces lo hicieron el signo de su fuerza, el signo también de su grandeza. Cuando esto fue visto por los Iloc entonces la guerra nació, hecha por los Iloc, que querían venir a matar al jefe Cotuha, no queriendo tener sino un jefe suyo. En cuanto al jefe Iztayul, querían castigarlo, querían que fuera castigado por los Iloc, que fuera condenado a muerte. Pero su envidia no prevaleció contra el jefe Cotuha, quien marchó contra ellos antes de que él, el jefe, fuera matado por los Iloc, Tal fue el origen de la revuelta y del tumulto de la guerra. Primeramente los Iloc atacaron a la ciudad, fueron a matar. Querían la pérdida del rostro Queche: que ellos solos gobernasen era su pensamiento. Pero no llegaron más que para morir. Fueron hechos prisioneros, fueron hechos cautivos, sin que se salvasen muchos. Entonces se comenzó a sacrificarlos. Los Iloc fueron sacrificados ante los dioses: este pago de sus faltas fue hecho por el jefe Cotuha. Muchos se convirtieron en servidores, vasallos, tributarios, habiendo ido a entregarse a la derrota por la guerra contra los jefes, contra los barrancos, la ciudad . Sus corazones habían deseado la pérdida, el oprobio, de la faz de la jefatura Quiché: esto no pudo hacerse. Asi nacieron los sacrificios humanos ante los dioses: entonces se hizo el escudo de guerra, el origen, el comienzo, de la defensa de la ciudad Chi Izmachi. Ahí también estuvo el comienzo, el origen, de su fuerza, porque verdaderamente grande fue la potencia del jefe Quiché. Por todas partes jefes Sabios, sin que nadie los humillase, sin que nadie los decentase. Kilos hicieron grande el poder que comenzó allí en Izmachi. Allí aumentaron las escarificaciones ante los dioses, y el terror: todas las tribus, tribus pequeñas, tribus grandes, se aterrorizaron viendo la entrada de los hombres prisioneros que sacrificaron, que mataron, para acrecentar su fuerza, su dominación, el jefe Cotuha el jefe Iztayul, con los Niha, los Ahau-Quiché. Sólo estas tres fracciones del pueblo estaban en la ciudad llamada Izmachi. Allí comenzó también la comida, el festín para sus hijas, cuando éstas se casaban. Por esto se regocijaron los llamados las tres Grandes Mansiones; allí bebieron sus bebidas: allí comieron sus alimentos, precio de sus hermanas, de sus hijas; se regocijaron en sus corazones. Hicieron sus alimentos, sus calabazas cinceladas, en sus Grandes Mansiones. "Solamente nuestras acciones de gracias, solamente nuestras ofrendas, como signo de nuestro discurso, como signo de nuestra palabra sobre las esposas, los esposos", decían. Allí designaron a sus clanes, sus siete tribus, sus barrios. "Unámonos, nosotros los Cavik, nosotros los Niha, y nosotros los Ahau-Quiché", dijeron los tres clanes, las tres Grandes Mansiones. Largo tiempo habían estado allí en Izmachi cuando encontraron, cuando vieron otra ciudad, cuando abandonaron la de Izmachi.

Cuando se levantaron después para partir, fueron a la ciudad Gumarcaah, cuyo nombre fue dicho por los quichés cuando llegaron los jefes Cotuha, Gucumatz, todos los jefes; comenzó, entonces la quinta generación de hombres desde el origen del alba, el origen de las tribus, el origen de la vida, de la existencia. Hicieron allí numerosas casas; allí también hicieron la Casa de los Dioses; en el centro, en la cima de la ciudad, la pusieron cuando llegaron, cuando se fijaron. En seguida su potencia creció todavía. Numerosas, considerables, eran sus Grandes Mansiones, cuando éstas celebraron Consejo; se reunieron, se subdividieron, porque habían nacido sus querellas; se envidiaban por el precio de sus hermanas, el precio de sus hijas, ya no ofrecían sus bebidas ante sus rostros. He aquí el origen de sus subdivisiones cuando se efectuó el lanzamiento de los huesos, de los cráneos de los muertos, que ellos se arrojaron. Entonces se separaron en nueve clanes; habiendo acabado la querella de las hermanas, de las hijas, se ejecutó la decisión de que gobernarían veinticuatro Grandes Mansiones, y esto sucedió. Hacía mucho tiempo que todos los hombres habían llegado allá a su ciudad cuando ajustaron las veinticuatro Mansiones allí en la ciudad de Gumarcaah. Bendecida por el Santo Obispo, esta ciudad está vacía, abandonada . Allí llegaron a ser poderosas, reunieron brillantemente sus bancos, sus sitiales con respaldo; todas las faces de su fuerza habían sido distribuidas a cada uno de los jefes: nueve clanes fueron asignados a los nueve jefes de los Cavik, nueve a los jefes de los Niha, cuatro a los jefes de los Ahau-Quiché; dos a los jefes de los Zakik; llegaron a ser numerosos; numerosos también los subalternos detrás de los jefes; éstos eran solamente los primeros a la cabeza de sus hijos, de su prole; muchos sub clanes fueron asignados a cada uno de los jefes. Diremos los nombres de los títulos de esos jefes, cada uno para cada una de las Grandes Mansiones. He aquí los nombres de los títulos de los jefes ante la faz de los Cavik. He aquí los nombres de los primeros jefes: Consejero, Consejero Lugarteniente, El de Pluvioso, El de los Poderosos del Cielo, Gran Elegido de los Cavik, Hombre del Consejo de Chituy, Colector de Impuestos de Quehnay, Hombre del Consejo del Juego de Pelota de Tzalatz, Orador Lugarteniente. Tales son los jefes ante la faz de los Cavik, los nueve jefes asignados cada uno a cada una de las Grandes Mansiones de las cuales serán vistas más adelante las faces. He aquí los jefes ante la faz de los Niha. He aquí los primeros jefes: Jefe-Eminente, Jefe Hablador de los Hombres, Eminente Lugarteniente, Gran Lugarteniente, Orador Lugarteniente, Gran Elegido de los Niha, El de Sembrador, Jefe Reunidor, de los Festines de Zaklatol, Gran Colector de Impuestos de Yeoltux; los nueve jefes ante la faz de los Niha. He aquí en seguida a los Ahau-Quiché. He aquí los nombres de sus jefes: Hablador de los Hombres, Jefe Colector de Impuestos, Jefe Gran Elegido de los Ahau-Quiché, Jefe de Los de Volcán; cuatro jefes ante la faz de los Ahau-Quiché, asignados a cuatro Grandes Mansiones. Dos clanes de los Zakik tuvieron también jefes: El de la Gran Mansión Florida, Eminente de los Zakik; estos dos jefes tenían cada uno una Gran Mansión.

A sí se completaron los veinticuatro jefes, y las veinticuatro grandes Mansiones existieron. Entonces crecieron la fuerza, la dominación, en Quiché; entonces se ilustró, entonces dominó la grandeza de la raza Quiché. Entonces fue pulverizada la cal, fue pulverizada la tierra blanca, para el barranco, la ciudad. Las tribus pequeñas, las tribus grandes, vinieron adonde estaba el nombre del jefe que hacía la grandeza del Quiché; entonces nacieran la fuerza, la dominación. Entonces nacieran la Casa de los Dioses y las casas de los jefes. Éstos no las edificaron, no trabajaron en ellas, no hicieron ellos mismos las casas; no hicieron ni siquiera la Casa de los Dioses; todo esto no fue hecho más que por sus hijos, su prole, quienes se habían multiplicado . Éstos no fueron tomados por violencia, por astucia, por rapto; en verdad sobre cada uno de ellos gobernaban sus jefes propios . Numerosos eran los hermanos mayores, los hermanos menores. Reunieron sus existencias. Acrecieron el renombre de cada uno de los jefes. Verdaderamente preciosa, verdaderamente grande, era la potencia de los jefes; el respeto hacia los jefes creció, y su gloria nació por los hijos, la prole, cuando se multiplicaron también los del barranco, los de la ciudad. Ciertamente, no todas las tribus vinieron a darse así, como cuando durante la guerra se habían humillado los barrancos, las ciudades, sino que por los jefes Sabios se ilustraron el jefe Gucumatz, el jefe Cotuha. En verdad, aquel Gucumatz llegó a ser un jefe Sabio. Una hebdómada para subir al cielo; una hebdómada caminaba para descender a Xibalbá. Una hebdómada él era serpiente, se volvía realmente serpiente: una hebdómada se hacía águila, una hebdómada también jaguar, se volvía verdaderamente la imagen del águila, del jaguar; una hebdómada aún, sangre coagulada, volviéndose solamente sangre coagulada. Verdaderamente, la existencia de aquel jefe Sabio espantaba ante su rostro a todos los jefes. El rumor se divulgó; todos los jefes conocieron la existencia de aquel jefe Sabio. Tal fue el origen de la grandeza del Quiché cuando el jefe Gucumatz hizo aquellos signos de su grandeza. Su faz no se perdió en los corazones de los nietos, de los niños. Él no hizo aquello para que hubiese un jefe Sabio sino para, por su existencia, hacer someterse a todas las tribus, para, por sus actos, estar solo a la cabeza de las tribus . Aquellos jefes Sabios llamados Gucumatz y Cotuhafueron la cuarta generación de jefes y verdaderos Consejero. Consejero Lugarteniente. Quedó su posteridad, su descendencia, que tuvo la fuerza la dominación cuando engendraron hijos que hicieron mucho. Así fueron engendrados Tepepul, Ztayul, cuyo gobierno fue la quinta generación: fueron jefes: cada generación de jefes engendró.

H e aquí ahora los nombres de la sexta generación de jefes, los dos muy grandes jefes: E-gag-Quicab, nombre de un jefe; Cavizimah, nombre del otro. Quicab, Cavizimah, hicieron mucho; engrandecieron el Quiché por su existencia verdaderamente sabia. He aquí la humillación, la destrucción, de los barrancos, de las ciudades, de las tribus pequeñas, de las tribus grandes, muy cercanas, entre las cuales estaban antaño la ciudad, la colina, de los Cakchequel, la Chuvila actual, y la colina de los Rabinal, la Pamaca , la colina de los Caok, la Zaka-baha , así como la ciudad de Zakuleu , Chuvi-Migina , Xelahu , Chuva-Tzak , y Tzolohche . Quicab los detestaba; hizo la guerra; en verdad, él humilló, destruyó, los barrancos, las ciudades, de los Rabinal, de los Cakchequel, de los Zakuleu. Llegó, venció, a todas las tribus. Quicab llevó lejos sus armas. Cuando una fracción, dos fracciones, no traían el tributo de todos sus bienes, él humillaba a sus ciudades. Las tribus trajeron el tributo ante Quicab, Cavizimah. Entraron en servidumbre; fueron desangradas, fueron asaetadas en los árboles; no tuvieron ya gloria, no tuvieron ya renombre. Tal fue la destrucción de las ciudades, al instante destruidas sobre la tierra. Como hiere el relámpago y destruye a la piedra, Quicab aterrorizaba de súbito, sometía a las tribus. Delante de Colché, un montículo de piedras es hoy la señal de una ciudad; poco falta para que no esté tallada como si él la hubiera cortado con el hacha; allá, en el valle llamado Petatayub, está visible ahora; todos los hombres vieron al pasar ese testimonio de la bravura de Quicab. No se le pudo matar, no se le pudo vencer. Verdaderamente era un Varón; tomó los tributos de todas las tribus. Cuando, habiendo celebrado consejo, todos los jefes fueron a fortificar los contornos de los barrancos, los contornos de las ciudades, él humilló a las ciudades de todas las tribus. Después salieron los guerreros exploradores, fueron creados los clanes que debían habitar en las colinas abandonadas. "Si la tribu volviera a habitar la ciudad", decían todos los jefes, uniendo sus Sabidurías. Los guerreros iban entonces a los lugares designados. "Como nuestra muralla, como nuestro clan, como nuestras empalizadas, nuestras fortalezas, será esto. Que ésta sea nuestra valentía, nuestra bravura", decían todos los jefes en los lugares indicados, cada uno para su clan, para combatir a los guerreros enemigos. Cuando esto fue ordenado, fueron a los lugares designados a habitar el país de las tribus; fueron para esto a aquellas regiones. "No os asustéis si hay guerreros que marchan contra vosotros para mataros; venid aprisa a decir me lo; yo iré y los mataré", les dijo Quicab cuando dio sus órdenes a todos y al Eminente, al Hablador de los Hombres. Entonces fueron los arqueros, los honderos, así llamados; no fueron más que los antepasados, los padres, de todos los hombres Queche; estaban en cada colina, solamente para guardar las colinas, solamente para velar sobre las flechas, las hondas, para guardar las contra la guerra, cuando fueron. Sin alba diferente, sin dioses diferentes, solamente para fortificar sus ciudades . Entonces todos aquellos ocupantes salieron: Los de Uvila, Los de Chutimal, Zakiya, Xahbaquieh, Chi-Temah, Vahxalahuh, con los de Cabrakán, Chabicak-Chi-Hunahpu, con Los de Maká, Los de Xoyabah, Los de Zakcabaha, Los de Zihaya, Los de Migina, Los de Zelahub, de las llanuras, de los montes; salieron a velar sobre la guerra, a guardar la tierra adonde iban por orden de Quicab, Cavizimah, Consejero, Consejero Lugarteniente, y del Eminente, el Hablador de los Hombres, los cuatro jefes. Fueron enviados para velar sobre los guerreros enemigos de Quicab. Cavizimah, nombres de los dos jefes ante los Cavik; de Quemá, nombre del jefe ante los Niha; de Achak-Iboy, nombre del jefe ante los Ahau-Quiché. Tales son los nombres de los jefes que enviaron, que expidieron, cuando sus hijos, su prole, fueron a las colinas, a cada colina. Primero fueron. En seguida llegaron prisioneros, llegaron cautivos, ante Quicab. Cavizimah el Eminente, el Hablador de los Hombres. Los arqueros, los honderos, hicieron la guerra, hirieron prisioneros, hicieron cautivos. Aquellos guardianes llegaron a ser Varones; su renombre, su memoria, se acrecentaron por los jefes cuando regresaron a darles lodos sus prisioneros, sus cautivos. En seguida se unieron los consejos de los jefes: Consejero. Consejero Lugarteniente. Eminente, Hablador de los Hombres. De allí salió la Decisión de que aconteciere lo que aconteciere, ellos serían los primeros, sus cargos representarían a los clanes. "Yo Consejero, yo Consejero Lugarteniente: Consejero es mi dignidad, como tú Jefe Eminente: la potencia de los Eminentes existirá", dijeron todos los jefes cuando tomaron su Decisión. Lo mismo hicieron los Tam, los Iloc. De rostros iguales fueron las tres fracciones del Quiché, cuando tomaron posesión, cuando fueron escogidos, los primeros de sus hijos, de su prole. Tal fue la Decisión tomada, pero no fue tomada allí, en el Queche. Los nombres subsisten de las colinas en donde tomaron posesión los primeros de los hijos, de la prole, estando entonces cada uno en su colina y habiéndose reunido juntos. Xebalax, Xecamac, son los nombres de las colinas en donde tomaron posesión en donde llegaron al poder. Esto se hizo en Chulimal. Tales fueron su elección, su loma de posesión, y la designación de veinte Eminentes, de veinte Consejeros, por el Consejero, el Consejero Lugarteniente. El Eminente, el Hablador de los Hombres. Tomaron posesión de su cargo todos los Eminentes, Consejeros, once Grandes Elegidos. Eminente Jefe, Eminente de los Zakik, Eminente de los Varones, Consejeros de los Varones, Carpinteros de los Varones, Cima de los Varones; tales son los nombres de las dignidades de Varones que ellos crearon, que ellos escogieron, que ellos nombraron, en sus bancos, sus sitiales con respaldo, los primeros de los hijos, de la prole, de los hombres Quiché, los exploradores, los oidores, los arqueros, los honderos; murallas, puertas, empalizadas, fortalezas, hubo alrededor del Quiché. Lo mismo hicieron los Tam, los Iloc; los primeros de los hijos, de la prole, que estaban en cada colina, tomaron posesión, fueron escogidos. Tal fue el origen de los Eminentes-Consejeros, de las dignidades de cada clan hoy; así fue su aparición cuando éstas aparecieron por orden de los Consejero, Consejero Lugarteniente, y del Eminente, del Hablador de los Hombres, cuando éstas surgieron.

He aquí que diremos los nombres de las Casas de los Dioses. En verdad, la casa se llamaba con el nombre del dios. Grandísimo Edificio de Pluvioso, era el nombre del edificio, de la casa de Pluvioso, de los Cavik. Sembrador, nombre del edificio, de la casa de Sembrador, de los Niha. Volcán, nombre del edificio, de la casa del dios de los Ahau-Quiché. Mansión Florida que se ve en Cahbaha, nombre de otro grandísimo edificio en donde estaba una piedra adorada por los jefes Quichés, adorada por toda la tribu. La tribu comenzaba el sacrificio ante Pluvioso; en seguida el Consejero, el Consejero Lugarteniente, adoraba también; finalmente íbase a dar las plumas, los tributos, ante los jefes. He aquí los jefes que ellos sostenían, que ellos alimentaban; el Consejero, el Consejero Lugarteniente. Ellos habían fundado la ciudad, aquellos grandes jefes, aquellos hombres Sabios, aquellos jefes Sabios, Gucumatz, Cotuha, así como los Sabios jefes Quicab, Cavizimah. Sabían si la guerra se haría. Todo se les manifestaba; veían si habría muerte o hambre o revuelta. Igualmente sabían adonde estaba la manifestación, adonde estaba el Libro llamado por ellos Libro del Consejo. No solamente así era grande la existencia de los jefes, sino que grandes también eran sus ayunos, pago de los edificios, pago del poder por ellos. Largo tiempo ayunaban, sacrificaban ante sus dioses. He aquí su modo de ayunar. Nueve hombres ayunaban; otros nueve sacrificaban, incensaban; trece hombres más ayunaban, y trece sacrificaban, incensaban, ante Pluvioso, ante su dios; no comían más que zapotillos rojos, zapotes matasanos, frutas; no tenían tortillas para comer; o diecisiete hombres sacrificaban o diez y siete ayunaban; no comían verdaderamente mientras cumplían los grandes preceptos, ese signo del ser de los jefes . No tenían esposas con las cuales dormir; permanecían solos, se guardaban de ellas, ayunaban; solamente estaban a diario en la Casa de los Dioses, no haciendo más que adorar, incensar, sacrificar. Allí estaban por la tarde, al alba. Solamente gemían sus corazones, solamente gemían sus vientres, pidiendo la felicidad, la vida, para sus hijos, su prole, y también su potencia, levantando sus rostros al cielo. He aquí su ruego a los dioses cuando pedían, he aquí el gemido de sus corazones: "¡Salve, Bellezas del Día, Maestros Gigantes, Espíritus del Cielo, de la Tierra, Dadores del Amarillo, del Verde,

Dadores de Hijas, de Hijos! Volveos hacia nosotros, esparcid el verde, el amarillo , dad la vida, la existencia, a mis hijos, a mi prole. Que sean engendrados, que nazcan vuestros sostenes, vuestros nutridores, que os invoquen en el camino, en la senda, al borde de los ríos, en los barrancos, bajo los árboles, bajo los bejucos. Dadles hijas, hijos. Que no haya desgracia, ni infortunio. Que la mentira no entre detrás de ellos, delante de ellos. Que no caigan, que no se hieran, que no se desgarren, que no se quemen. Que no caigan ni hacia arriba del camino, ni hacia abajo del camino. Que no haya obstáculo, peligro, detrás de ellos, delante de ellos. Dadles verdes caminos verdes sendas. Que no hagan ni su desgracia ni su infortunio vuestra potencia, vuestra hechicería. Que sea buena la vida de vuestros sostenes, de vuestros nutridores, ante vuestras bocas, ante vuestros rostros, oh Espíritus del Cielo, oh Espíritus de la Tierra, oh Fuerza Envuelta, oh Pluvioso, Sembrador, Volcán, en el cielo, en la tierra, en los cuatro ángulos, en las cuatro extremidades. En tanto que exista el alba, en tanto que exista la tribu, que estén ellos ante vuestras bocas, ante vuestros rostros, oh dioses". Así rogaban los jefes cuando adentro de la Casa de los Dioses ayunaban los nueve hombres, los trece hombres, los diecisiete hombres. Ayunaban durante el día. Sus corazones gemían sobre sus hijos, su prole, y sobre todas las esposas, los engendrados, cuando cada uno de los jefes hacía su oficio. Ese era el precio de su "blanca" vida, el precio de su poder, de aquel poder de Consejero, Consejero Lugarteniente, Eminente, Hablador de los Hombres . De dos en dos entraban en funciones, se reemplazaban, encargados de la tribu y de todos los hombres Queche. Única era la fuente de su historia, la fuente de su sostén, de su alimento. Semejante era la fuente de su historia, semejantes también las acciones de los Tam, de los Iloc, y de los Rabinal, de los Cakche-quel, de Los de Tziquinaha, Tuhalaha, Uchabaha; entonces única palabra y oído había entre los Queche cuando hacían todo aquello. No solamente gobernaban así, sino que además no ponían aparte los dones de sus sostenes, de sus nutridores, sino que con ellos hacían alimentos, bebidas . No les pagaban. Habían ganado, habían arrebatado su poder, su fuerza, su dominación . No solamente se humillaron así los barrancos, las ciudades, sino que las tribus pequeñas, las tribus grandes, dieron de buen grado , llegaron jadeítas, llegaron metales preciosos y llegaron ámbar, gigantescos puñados, gigantes con esmeraldas, con piedras preciosas, llegaron verdes guirnaldas; estos tributos de todas las tribus llegaron ante los jefes Sabios Gucumatz, Cotuha, y ante Quicab, Cavizimah, Consejero, Consejero Lugarteniente, y ante el Eminente, el Hablador de los Hombres. Ciertamente, aquello no era poca cosa, y no eran pocas las tribus que aquellos jefes habían vencido; de numerosas fracciones de tribus venía el tributo al Queche: y ellas sintieron, sufrieron pesadumbre. No fue aprisa, sin embargo, como nació la Fuerza de aquellos jefes Gucumatz fue el origen de la grandeza del poder, el comienzo del engrandecimiento, y el engrandecimiento del Quiché. He aquí que pondremos en orden las generaciones de los jefes con sus nombres; nombraremos a todos los jefes.

He aquí las generaciones, el orden, de todos los gobiernos que tuvieron su alba en Brujo del Envoltorio, Brujo Nocturno. Guarda-Botín, Brujo Lunar, nuestros primeros abuelos, nuestros primeros padres, cuando se mostró el sol, cuando se mostraron la luna, las estrellas. He aquí que vamos a comenzar las generaciones, el orden de los gobiernos, desde el origen de su tronco hasta la entrada en funciones de los jefes, y cuando entraba en posesión del cargo, cuando moría, cada generación de jefes, de abuelos, con la jefatura de toda la ciudad, cada uno de los jefes. He aquí que se manifestará el rostro de cada uno de los jefes, he aquí que se manifestará cada rostro, de cada uno de los jefes quichés.

Grandes Mansiones De Los Cavik

Brujo del Envoltorio, origen de los Cavik. Qo Caib, segunda generación, después de Brujo del Envoltorio. Balam Conaché comenzó las funciones de Consejero; tercera generación. Cotuha, Ztayul , cuarta generación. Gucumatz, Cotuha, origen de los jefes Sabios, fueron la quinta generación. Tepepul, Ztayul, sexto orden. Quicab Cavizimah , el séptimo cambio del poder; igualmente Sabios. Tepepul e Iztayub, octava generación. Tecum , Tepepul, novena generación de jefes. Vahxaki-Caam , Quicab, décima generación de jefes. Vukub-Noh , Cavatepech undécimo grado de jefes. Oxib-Quieh , Beleheb-Tzi , duodécima generación de jefes; gobernaban cuando vino Donadiú; fueron ahorcados por el jefe Caxtilan. Tecum, Tepepul, fueron tributarios ante los hombres Caxtilan; dejaron hijos; decimotercia generación de jefes. Don Juan de Rojas, don Juan Cortés, decimocuarta generación, fueron engendrados por Tecum, Tepepul. He ahí las generaciones, el orden, del gobierno de los jefes Consejero, Consejero Lugarteniente, ante la faz de los Cavik-Quiché. He aquí que diremos otra vez los clanes. He aquí las Grandes Mansiones de cada uno de los jefes después del Consejero, del Consejero Lugarteniente; he aquí los nombres de las nueve Grandes Mansiones y los nombres de las jefaturas de cada Gran Mansión. Jefe Consejero, jefe supremo de Gran Mansión: Cu Ha, nombre de la Gran Mansión. Jefe Consejero Lugarteniente: Tziquiná, nombre de la Gran Mansión de la cual era jefe supremo. Gran Elegido de los Cavek. jefe supremo de Gran Mansión. Jefe El de Pluvioso, jefe supremo de Gran Mansión. Jefe El de los Poderes del Cielo, jefe supremo de Gran Mansión. Hombre del Consejo de Chituy jefe; supremo de Gran Mansión. Colector de Impuestos de Quehnay, jefe supremo de Gran Mansión. Hombre del Consejo en la Sala del juego de Pelota de Tzalatz-Xcuhxeha, jefe supremo de Gran Mansión. Dominador de los Extranjeros, jefe supremo de Gran Mansión. Tales son los nombres de los clanes de los Cavik. Numerosos los hijos, los engendrados, detrás de esas nueve Grandes Mansiones.

Grandes Mansiones De Los Niha

He aquí las nueve Grandes Mansiones de los Niha. Diremos primero las generaciones de su gobierno. Único fue el tronco, el origen, antes del nacimiento del día, del nacimiento del alba, para los hombres. Brujo Nocturno, primer abuelo, padre. Qo-Acul, Qo-Acutec, segunda generación. Qo-Chahuh, Qo-Tzibaha , tercera generación. Beleheb Gih , cuarta generación. Cotuha, quinta generación de jefe. Batza, sexta generación. Ztayul, en seguida, séptima generación. Cotuha, octavo orden de gobierno. Beleheb Gih, noveno grado. Quema, así llamado, décima generación. Ahau-Cotuha , undécima generación. Don Christóval, así llamado, gobernó ante la faz de los hombres Caxtilan. Don Pedro de Robles , Jefe Eminente, ahora. Éstos son todos los jefes habidos sucesivamente como Jefes Eminentes. He aquí que diremos en seguida la jefatura de cada Gran Mansión. Jefe Eminente, el primer jefe ante los Niha, jefe supremo de Gran Mansión. Jefe Hablador de los Hombres jefe supremo de Gran Mansión. Jefe Eminente Lugarteniente, jefe supremo de Gran Mansión. Gran Lugarteniente jefe supremo de Gran Mansión. Orador Lugarteniente, jefe supremo de Gran Mansión. Gran Elegido de los Niha, jefe supremo de Gran Mansión. Jefe El de Sembrador, jefe supremo de Gran Mansión. Jefe de los Festines, jefe supremo de Gran Mansión. Gran Colector de Impuestos de Yeoltux, jefe supremo de Gran Mansión. Tales son las Grandes Mansiones de la faz de los Niha, tales son los nombres que designan a los clanes de los Niha. Numerosos son también los hombres de los clanes de cada uno de los jefes de quienes dijimos primero los nombres.

Grandes Mansiones De Los Ahau-Quiché

He aquí también a los de los Ahau-Quiché. He aquí al abuelo, al padre: Guarda-Botín, primer hombre. Qo-Ahau, nombre del jefe de la segunda generación. Caklacán . Qo-Cozom. Comahcun. Vukub-Ah . Qo-Camel . Coyabacoh. Vinak-Bam. Tales son los jefes ante la faz de los Ahau-Quiché, y tales son las generaciones, los grados. He aquí los nombres de los títulos de los jefes en las Grandes Mansiones; cuatro Grandes Mansiones solamente: Hablador de los Hombres, nombre del primer jefe, jefe supremo de Gran Mansión. Colector de Impuestos de los Ahau Quiché, segundo jefe, jefe supremo de Gran Mansión. Gran Elegido, de los Ahau Quiché, tercer jefe, jefe supremo de Gran Mansión. El de Volcán, cuarto jefe, jefe supremo de Gran Mansión. Así cuatro Grandes Mansiones de la faz de los Ahau-Quiché. Había pues tres Grandes Elegidos como padres escogidos por todos los jefes quichés. Juntos se reunían los tres Elegidos, aquellos engendradores, aquellas madres, de la palabra, aquellos padres de la palabra. Bastante grande era el ser de los tres Elegidos . El primero, Gran Elegido ante la faz de los Niha; el segundo. Gran Elegido de los Ahau Quiché, ante la faz de los Ahau-Quiché; el tercero, Gran Elegido de los Cavek; tres Elegidos, cada uno ante la faz de su clan. Tal fue la existencia del Quiché, porque ya no hay está perdido, aquello que hacía ver lo que fueron antaño los primeros jefes. Así, pues, es el fin de todo el Quiché llamado Santa Cruz .

FIN

Notas del Editor

1. A través de una serie de narraciones míticas, El Popol Vuh trata de explicar el origen del mundo, la creación del hombre y su civilización, así como algunos fenómenos que ocurren en la naturaleza.

2. La palabra Popol Vuh significa literalmente "libro de la estera" y en contexto con los pueblos mesoamericanos se traduce como libro del consejo.

3. Fue declarado como Patrimonio Cultural Intangible de la Nación el 27 de agosto de 2012.

4. El 30 de mayo de 1972 se estableció al Popol Vuh como Libro Nacional y desde ese entonces se celebra esa misma fecha el Día Nacional del Popol Vuh.

5. La versión original del Popol Vuh se perdió, únicamente se sabe que estaba escrito en idioma quiché.

6. Lo más antiguo que aún se conserva del Popol Vuh es una traducción del manuscrito original hecha en el siglo XVIII por Fray Francisco Ximénez

7. Fray Francisco Ximénez transcribió y tradujo el texto en columnas paralelas de quiché y español.

8. En el año 2012, fue la primera vez que la copia del manuscrito original estuvo en exhibición en Guatemala, actualmente se encuentra en la Universidad de Newberry, Chicago.

9. Se desconoce el autor del Popol Vuh, sin embargo, algunas de las versiones más aceptadas están la de Adrián Recinos, quien afirmó que los autores eran miembros de la nobleza quiché. Otros historiadores indican que fue Diego de Reinoso y por último, el investigador Ruud van Akkeren lo atribuye al linaje de los Nim Chocoj.

10. Hay una versión en japonés del Popol Vuh.

CPSIA information can be obtained
at www.ICGtesting.com
Printed in the USA
LVHW030223080121
675997LV00009B/1751